GILA HERZ

ERINNERUNGEN für meine ENKEL und für MICH

Meine Jugend im Norden Flensburgs

Bibliografische Information
der Deutschen Nationalbibliothek:

Die Deutsche Nationalbibliothek
verzeichnet diese Publikation in
der Deutschen Nationalbibliografie.
Detaillierte bibliografische Daten
sind im Internet über
http://www.d-nb.de abrufbar.

Alle Rechte der Verbreitung,
auch durch Film, Funk und Fernsehen,
fotomechanische Wiedergabe,
Tonträger, elektronische Datenträger und
auszugsweisen Nachdruck,
sind vorbehalten.

www.vindobonaverlag.com

© 2023 Vindobona Verlag

ISBN 978-3-949263-68-2
Lektorat: Sandra Pichler
Umschlagfoto:
Frank Bach | Dreamstime.com
Umschlaggestaltung, Layout & Satz:
Vindobona Verlag

Gedruckt in der Europäischen Union
auf umweltfreundlichem, chlor- und
säurefrei gebleichtem Papier.

Inhaltsverzeichnis

Meine Familie 11
Die Flucht 15
Ankunft in Flensburg 18
Unser neues Zuhause 21
Wie sich unser Leben entwickelte 23
Sonntage 27
Oma Clara 31
Meine Mutter 32
Mein Vater 34
Meine „Verwandten" 36
Zusammenspiel 39
Waschtag 44
Das alte Bauernhaus 46
Streit 47
Winterfreuden 49
Die Schule 50
... und wir spielen weiter 53
Zwischen den Spielen – Besuch bei Onkel
und Tante im Hinterhaus 55
Weihnachten 56
Eine Operation 60
Noch mehr Spiele 62
Ein Auto wird gebaut! Und ein Haus! 64
Mehr Platz zum Wohnen 65
Eine neue Schule 66
Mein Freund Jakob 68

Freundinnen 70
Noch mehr Freundinnen 76
Konfirmation 79
Veränderungen 81
Neue – ganz andere Perspektiven 84
Europäische Union – was war das? 86
Trauer 88
Freizeit mit Freunden … und ganz intim …
und dann das …! 90
… und es geht weiter 92
Allein 93

Erinnerungen
für meine Enkel – und für mich!
Und für alle, die ihre Kindheit im Norden
Flensburgs erlebten.

Gestern, mitten in der Corona-Zeit, die wir gerade miteinander erleben, standen ein paar Fragen im Raum, die an mich gerichtet waren.

„Oma, wir wissen von dir ganz wenig. Wie du früher warst, wo du gelebt hast. Wie war deine Familie? Warst du ein braves Mädchen? Hattest du viele Freundinnen?" Diese Fragen stellten meine jüngsten Enkel – gerade in einer Zeit des Abstandhaltens, damit wir Alten uns nicht durch Enkelkinder und Kinder den Coronavirus holen.

Ich war im ersten Moment erstaunt über diese Fragen. Dann fiel mir ein: Wie oft – in früheren Jahren – hätte ich gerne von meiner Jugend erzählt? Aber ich hielt mich zurück. Der Grund: Als ich jung war, sprach ich im Freundes- und Bekanntenkreis nicht wesentlich darüber, dass ich ein Flüchtling war. Bis zu Beginn der Siebzigerjahre hinein wurde oft die Rede eines Flüchtlings unterbrochen mit den Worten: „Ach ja, aus dem Osten, der kalten Heimat, da, wo alle einen großen Hof besaßen, der Baugrund ganz klein, darauf das Haus ganz hoch! ... Hahaha!" Ja, da kam ich her! Ich lernte, darauf nicht zu reagieren, hielt mich zurück. Damit war das Thema für mich erledigt.

Als ich Anfang der Achtzigerjahre mit meiner Tochter – sie war im Juni sechs Jahre alt geworden – von Flensburg nach Viöl zog, erlebte ich diese Reden noch einmal. Ich war erstaunt, nach langer Zeit diese Worte wieder zu hören. In der Stadt hörte man dieses Gerede schon fast nicht mehr. Hier im Dorf gibt es auch Flüchtlinge, aber die meisten Bewohner sind „Einheimische" mit großen Familien. Sie haben alle in der Nähe: Onkel, Tanten, Vettern, Cousinen, Omas und Opas, Kinder und Enkel. Viele sind hier untereinander verwandt. Da hält man sich besser zurück. Opa aus Hannover, und ich, Oma aus Pommern, sind Zugereiste, mit kleiner Familie – was hatten wir denn schon zu erzählen? Ein Teil unserer Verwandten sind in ganz Deutschland verstreut. Man sieht sich selten.

Deshalb freue ich mich, nun, im Alter von achtzig Jahren, meinen Enkelkindern von mir und meiner Familie zu erzählen. Ich schreibe aus meiner Erinnerung heraus, wie ich es, je nach meinem Alter, erlebte oder es mir erzählt wurde. Das, was mir in Erinnerung blieb.

Ein weiterer Grund, über meine Kindheit zu schreiben, sind die Erinnerungen an den Norden Flensburgs. Die Jahre im nördlichen Stadtteil – im Arbeiterviertel – sind für mich eine schöne Zeit gewesen. Später, als junge Frau in geselliger Runde, stand ich dazu, im Norden Flensburgs eine schöne, erlebnisreiche Kindheit erfahren zu haben. Ich wurde von einigen aus der Runde etwas herablassend gemustert. Ich musterte freundlich herablassend zurück. Meine Erinnerungen kenne nur ich. Ich möchte sie nicht missen.

Während des Schreibens einiger besonderer Erinnerungen hatte ich ein beglückendes Gefühl, so, als würde es mir gerade erst passieren; ich erlebte es erneut.

Meine Familie

Meine Oma Clara Günther (geb. ca. 1882), die Mutter meines Vaters, wuchs in der Nähe von Berlin auf. Sie war die Älteste, hatte zwei Brüder. Ihre Mutter starb, als Clara vierzehn Jahre alt war. Von dieser Zeit an war sie für den Haushalt und die Organisation der Familie verantwortlich. Zur Schule ging sie gerne. Sie fand alles interessant; deshalb beeilte sie sich, immer pünktlich in der Schule zu sein. Im Winter, bei Eis und Schnee, war das nicht immer zu erreichen, weil sie vor der Schule Brötchen austrug. Fragte man sie, ob das schwer war, antwortete sie: „Ich hatte keine Zeit, mir darüber Gedanken zu machen. Als Mädchen trug man früh Verantwortung für die Familie. Es war eben so."

Sie heiratete mit achtzehn Jahren ihren Emil Herzberg – meinen Opa – einen Maurermeister. Nach dem ersten – oder zweiten? – Ehestreit kam sie mit Sack und Pack nach Hause zu ihrem Vater zurück. Sie wollte ihren Emil verlassen. Daraus wurde nichts, denn ihr Vater setzte sie umgehend vor die Tür, mit den Worten: „Du hast dir den Mann ausgesucht! Also stehst du auch dazu!"

So einfach war das früher.

Clara zog zu ihrem Emil nach Schneidemühl in Pommern, einer mittelgroßen Stadt dicht an der polnischen Grenze gelegen. Emil eröffnete dort ein Baugeschäft. Sie zogen zusammen fünf Kinder groß. Georg – mein Vater (geb. 1902) –, dann Gertrud, Hilde, Erwin und Johanna. Neben ihren Kindern betreute Clara die Lehrlinge, die zu der Zeit meistens im Haus der Lehrherren wohnten, ausgebildet und versorgt wurden. Die Lehrlinge lebten deshalb im Haus ihres Meisters, weil sie frühmorgens ihre Arbeit antraten. Die Möglichkeit, mit Auto, Bus oder Bahn von Zuhause jeden Morgen zur Arbeit zu fahren, hatte man noch nicht.

Clara eröffnete später im vorderen Eingangsbereich des Hauses, das ihr Mann Emil in der Schützenstraße gebaut hatte, einen Krämerladen. So war der gesamte Haushalt fast immer liquide. Fehlte Geld in der Kasse des Baugeschäftes, lieh man sich Bargeld aus der Ladenkasse. War die Kasse des Krämerladens leer, half das Baugeschäft mit Barem aus. Clara war bei ihren Kunden sehr beliebt, weil sie diese bei rechtlichen Fragen und Schwierigkeiten gut und gerne beriet. Es war ihr Hobby, Gesetze zu lesen, zu deuten und anderen damit zu helfen, indem sie ihnen Tipps und Rat gab. Man nannte sie die „Anwältin der Schützenstraße".

Meine Oma Emma Schmitt, die Mutter meiner Mutter, kam aus Schönlanke in Pommern. Sie hatte zwei Brüder. Einer der Brüder war Imker. Es wurde erzählt, dass er sich während einer schweren Erkrankung durch den alleinigen Verzehr von Honig selbst heilte. Darüber staunten wir als Kinder. Emma zog auch nach Schneidemühl. Sie heiratete Johan Schmidt. Zu ihrem Lebensunterhalt hielt sie sich einen Pferdewagen und ein Pferd. Mit dem Gespann versorgte sie in nächster Umgebung die Bewohner mit Brot, Kuchen und Süßigkeiten. Mit Johan Schmidt hatte Emma drei Kinder, die Jungen Willi und Max und Ida, meine Mutter (geb. 1911). Max verunglückte als Zwölfjähriger beim Spielen. Er wurde in einer Sandgrube verschüttet. Man erzählte, die Spielkameraden hätten zu spät Hilfe geholt. Sie waren in Panik geraten und davongelaufen. Emma wurde früh Witwe. In zweiter Ehe war sie mit Fritz Kirchhof verheiratet. Sie hatten einen Sohn, den sie auch Fritz nannten.

Beide Omas, Clara und Emma, betreuten ihre Enkelkinder manchmal gemeinsam in der Schützenstraße in Schneidemühl. Wir, meine Eltern, meine Brüder und ich, bewohnten eine Erdgeschosswohnung im Hause meiner Großeltern. Es war ein Anbau, der an das zweistöckige Vorderhaus gebaut war. In einem Teil des Gebäudes befanden sich die Räume der Lehrlinge. Insgesamt ergaben die Gebäude einen Innenhof. Zur Straße befand sich ein großes Tor; darüber war der Schriftzug „Emil Herzberg – Baugeschäft" angebracht. An der Rückseite grenzte das Grundstück an einen Garten und eine große Wiese. Im Vorderhaus wohnten meine Großeltern Clara und Emil, im ersten Stock lebte Tante Gertrud mit ihrem Ehemann. Sie hatten keine Kinder. Ganz oben befanden sich der Boden und Abstellräume.

Ich erinnere mich an ein Foto. Es zeigt beide Omas im Hof, mein Bruder Jürgen – damals fünf Jahre alt – steht neben Oma Clara. Oma Emma hält mich an einem Gurt fest, mit dem ich laufen lernte. Da muss ich ein knappes Jahr alt gewesen sein. Etwas abseits steht mein Bruder Günter, ungefähr zehn Jahre alt.

Im Februar 1942 wurde ich geboren; wie damals üblich – eine Hausgeburt. Es war ein sehr kalter Wintertag mit meterhohem Schnee. Mein Vater erzählte, der Weg zum Standesamt, um meine Geburt anzumelden, war beschwerlich. Er war Stunden unterwegs. Öfter hörte ich meinen Vater sagen: „Schon von deiner Geburt an war dein Leben schwierig" – was immer er damit meinte?! Mein ältester Bruder Günter wurde im September 1933 geboren, mein Bruder Jürgen im Oktober 1938.

An Tante Gertrud, genannt Trude – sie bewohnte die erste Etage mit ihrem Mann Erich, einem Viehhändler – erinnere ich mich besonders. Sie hatte auf einer ihrer hohen Schränke Schokolade liegen. Es war Schokolade in einer runden Dose – „Fliegerschokolade". Sie schmeckte besonders gut. Ich stand, wenn ich Tante Trude besuchte, fordernd vor dem Schrank und zeigte mit meiner Hand nach oben. Dann bekam ich ein Stück davon. Mmh, wie gut das schmeckte …

Mein Vater spielte Posaune. Ich erinnere mich an eine Melodie, in der er ein Solo spielte. Es war das Solo in der „Amboss Polka". Ich höre die Melodie in meiner Erinnerung noch heute. Meine Mutter sagte zu mir, wenn das Orchester spielte: „Pass auf, jetzt spielt Papa gleich!" Wir haben diese Melodie öfter gehört. Ich kannte den Einsatz genau. Es war schön.

Mein Vater war nur kurze Zeit an der Front. Er wurde in das neue Flugzeugwerk nahe bei Schneidemühl versetzt. Vor Kriegsbeginn durfte er noch kurze Zeit in Berlin Elektrotechnik studieren. Eine Ausbildung als Elektriker hatte er bereits. Mit seinem Bruder Erwin verbrachte er einige Zeit gemeinsam in Berlin. Erwin studierte Bauingenieurwesen. Beide Brüder studieren zu lassen, das gab das Baugeschäft eigentlich finanziell nicht her. Sie erlebten trotzdem eine kurze, gemeinsame Zeit in Berlin. Von dieser Zeit – die Zeit der Zwanzigerjahre – schwärmten sie beide nach dem Krieg.

Meine Eltern hatten einen Freundes- und Bekanntenkreis. Es verband sie unter anderem das gemeinsame Hobby – die Musik und der Gesang. Meine Mutter spielte die Laute und sang manchmal auch bei Festlichkeiten dazu. Sie machten mit ihren Freunden gemeinsam Ausflüge in die nähere Umgebung. Auch dabei wurde zur Laute gesungen. Das war damals die Zeit dafür.

Später besaß mein Vater ein Motorrad mit Beiwagen. Unsere Familie machte damit Ausflüge ins Grüne oder zu Verwandten und Bekannten. Die Besetzung des Motorrades ergab sich wie folgt: Mein Vater mit meinem Bruder Günter auf dem Motorrad, meine Mutter mit meinem Bruder Jürgen und mit mir im Beiwagen. Das ging nur, solange ich noch klein war. Dann wurde es zu eng. Und dann war ja auch der Krieg da und der Feind rückte immer näher.

Die Flucht

Am 26. Januar 1945 klopfte ein Onkel der Familie (alle anderen Männer waren an der Front), spät in der Nacht an unser Küchenfenster. Das war das Zeichen für meine Mutter, mit uns Kindern aufzubrechen. Wir sollten uns beeilen und das Haus verlassen. Die Sachen waren gepackt – ein großer Sack für meine Mutter; Günter und Jürgen zogen sich Rucksäcke auf ihre Schultern. Ich wurde – warm verpackt – in meine Sportkarre gesetzt. Es war sehr dunkel und sehr kalt. In der Ferne war ein dumpfes Grollen zu hören. Das waren die Kanonen.

Dieser Moment des Aufbruchs – erst das Klopfen, dann die Eile und die Kälte draußen –, das ist meine erste Erinnerung an den Krieg. Dass wir in einen Zug stiegen, in dem viele Leute saßen, hat man mir erzählt. Es war eng, es war Schluchzen zu hören. Die Passagiere waren ganz still, als der Zug kurz nach der Abfahrt erneut anhielt, die Beleuchtung ausgeschaltet wurde, um vor dem Fliegerangriff geschützt zu sein. In diesem Moment soll ich begonnen haben zu weinen und gesagt haben: „Ich will nach Hause in mein Bettchen!" Viele weinten mit mir.

Der Zug kam durch die ständigen Unterbrechungen wegen der Fliegerangriffe nur langsam voran. Immer wieder wurde alles dunkel. Der ganze Zug stand still. Alle hielten den Atem an. Dann ging es endlich weiter.

An einen Aufenthalt in Greifswald erinnere ich mich teilweise. Mein Bruder Jürgen erzählte mir, dass wir im Mehrfamilienhaus einer Frau untergebracht wurden, die vom deutschen Sieg überzeugt war. Es war ein schwerer Angriff in der Nacht. Es war ganz hell und ganz laut. Sirenen heulten. Ich lag bei meiner Mutter im Bett, als plötzlich ein grelles Licht wie ein ganz breiter Blitz das Zimmer erhellte und das Fenster zersplitterte. Meine Mutter warf sich über mich, um mich vor den Splittern zu schützen. Davon habe ich eine kleine Narbe an der Stirn zurückbehalten. In dieser Nacht wurde das angrenzende Mehrfamilienhaus zur Ruine, also zerbombt.

Bei einem Angriff in einer anderen Unterkunft hatte meine Mutter mich allein im Zimmer zurückgelassen. Sie ging mit meinen Brüdern in den Luftschutzkeller. Sie wollte gleich zurückkommen. In meiner Erinnerung spürte ich diese Einsamkeit. Ich begann zu weinen, zu schreien. Endlich kam meine Mutter zurück, um mich zu holen. Ich klammerte mich an sie. Wir gingen in den Luftschutzkeller zu meinen Brüdern. Ein Bombenangriff ging auf uns nieder. Dumpfe, dröhnende Geräusche umgaben mich.

Meine Mutter zog mit meinen Brüdern Günter und Jürgen und mir weiter gen Westen. Mit von der Partie war auch Tante Hilde, die Schwester meines Vaters, mit ihren beiden Kindern Evelyn und Siegfried. Am 11. Februar wurde ich drei Jahre alt. Ich war während der Flucht sehr krank, hatte Diphtherie und Stimmbandlähmung. Da soll ein Sanitäter zu meiner Mutter gesagt haben: „Die Kleine lassen Sie mal liegen, die schafft es nicht mehr. Kümmern Sie sich um Ihre Söhne!" Meine Mutter ließ mich nicht liegen. Dafür bin ich ihr sehr dankbar.

Wir machten auch bei Verwandten Station. Bei Onkel Christian, seiner Frau und seinen beiden Töchtern. Er war ein großer Mann mit riesigen Pranken. Sie bewohnten einen großen Hof und es ging ihnen sehr gut, erzählte meine Mutter. Wir wurden aber nicht gerne aufgenommen und auch sehr schlecht versorgt, obwohl die Familie es reichlich hatte. Meine Mutter war sehr enttäuscht. Wir zogen weiter.

Irgendwann wurde es Zeit, schneller zu flüchten, weil das Grollen der Kanonen immer näher kam. Meine Mutter und

Tante Hilde hofften einige Zeit lang, dass der Krieg plötzlich zu Ende sein würde und sie umkehren könnten – wieder in Richtung Schneidemühl. Das war aber nicht so. Sie mussten sich entscheiden, mit einem Schiff über die Ostsee zu fahren. Davor hatten sie große Angst, denn die „Gustloff", ein großes Passagierschiff, war mit vielen Flüchtlingen an Bord angegriffen und versenkt worden.

In der Nähe von Svinemünde machte sich meine Mutter auf den Weg zum Hafen, um ein Schiff zu finden, das uns mitnahm. Tante Hilde blieb mit uns Kindern zurück. Nach langem Suchen war ein Minensuchboot bereit, uns an Bord zu nehmen. Auf dem Weg vom Hafen zurück zu Tante Hilde und uns Kindern bekam meine Mutter große Bedenken, dass sie uns zurückgelassen hatte. Sie bekam Panik, große Ängste, uns nicht wieder zu finden. Auf diese Art waren damals schon viele Familien auseinandergerissen worden. Für meine Mutter waren diese Minuten die schlimmsten ihres Lebens, erzählte sie mir später – irgendwann. Wir kamen aufs Schiff, ein Minensuchboot, und wir fuhren über die Ostsee Richtung Westen. Ich meinte, ich hörte Kühe an Bord muhen. Das erzählte ich später, als ich älter war. Meine Mutter erklärte: „Das war das Rollen der Wellen und das Geheul des Windes bei Sturm." Aus dieser Zeit kann ich mich an tiefe Dunkelheit, ständige Bewegung, dumpfe Geräusche, die wärmende Nähe meiner Mutter und ihren beruhigenden Geruch erinnern.

Mitten auf der Ostsee wurden alle Passagiere in ein großes Handelsschiff umgeladen. Es war zu gefährlich, auf dem Minensuchboot zu bleiben.

Vor Kiel erlebten wir Flüchtlinge den letzten großen Angriff auf Kiel. Es muss Ende April/Anfang Mai 1945 gewesen sein. Auf dem Schiff munkelte man, dass wir nach Dänemark gebracht werden sollten. Meine Mutter und alle anderen Mitfahrerinnen wehrten sich dagegen. Sie wollten in Deutschland bleiben. Dänemark hatte unter den Flüchtlingen keinen guten Ruf. Es wurde erzählt, die Flüchtlinge wären in Dänemark nicht gerne gesehen und man versorge sie schlecht.

Ankunft in Flensburg

Am 8. Mai, am Tag, als der Krieg zu Ende ging, erreichten wir Flensburg. Ich habe eine Erinnerung an die Schiffbrücke, an der wir anlegten. Wir standen sehr lange dicht gedrängt auf dieser Brücke. Es drängten sich viele Menschen auf der Straße. Es dauerte lange, bis wir die Brücke verließen. Meistens saß ich auf dem Arm meiner Mutter. Manchmal setzte sie mich ab. Mein Blick fiel auf das Wasser. In der Enge, in der wir auf der Brücke warteten, beobachtete ich ein Ruderboot, in dem zwei Jungen saßen. Sie verschwanden unter der Brücke. Ich sah sie nicht mehr. Ich machte mir Gedanken, wo sie blieben. Sie tauchten nicht wieder auf. Oft dachte ich an dieses Boot mit den beiden Jungen – sogar noch viele Jahre später.

Endlich kamen wir vom Schiff herunter, wurden in der Nicolaischule untergebracht. Es war sehr eng dort und es roch nicht gut. Wir lagen gedrängt in einem großen Raum mit vielen fremden Menschen, dicht an dicht. Dieser Aufenthalt dauerte nicht lange. Wir wurden in die Schule an der Schulgasse umquartiert. Dort hatten wir vier, meine Mutter, meine Brüder und ich, einen Kellerraum für uns allein. Das war ein Fortschritt. Allerdings war es in dem Raum sehr dunkel. Es befand sich eine kleine Mauer vor dem Kellerfenster. Tageslicht fiel sehr wenig herein.

Oft standen wir Bewohner der Schule in langen Reihen: zur Untersuchung durch den Arzt, zur Entlausung. Zur Essensvergabe war auch wieder Schlangestehen angesagt. Ich empfand es als unangenehm, schrecklich. Mal auf dem Arm meiner Mutter, dann auf dem Boden stehend – neben mir große Menschen. Aus dieser Zeit muss meine Ablehnung gegen Essen am Büfett stammen. Mir ist es, seitdem ich denken kann, unangenehm, in einer langen Schlange zu stehen, um an das Essen zu kommen. Es stören mich die Nähe der Leute und die unterschiedlichen Gerüche, die mir in die Nase steigen.

Der Arzt, der uns regelmäßig untersuchte, löste bei mir eine ganz abwehrende Haltung aus. Aus unerklärlichen Gründen begann ich fürchterlich zu schreien, wenn er mich berühren wollte. Dieser Arzt verschwand plötzlich aus Flensburg. Er soll kein Arzt gewesen sein; er wurde polizeilich gesucht.

Eines Tages wohnte auch mein Vater in unserem beengten, schummrigen Kellerraum. Er war aus der Kriegsgefangenschaft entlassen worden. Ich, die ihren Papa so liebte und die Papas „Beste" war, entwand sich seinen Umarmungen. Er war mir fremd und er roch nach vielen Menschen. Meine Reaktion muss für meinen Vater sehr traurig gewesen sein. Mein Verhalten änderte sich bald und ich kroch auf seinen Schoß. Woran ich mich auch noch erinnere, war, dass mich ein Mann immer Zarah Zylinder nannte, wenn er an mir vorbeiging. Meine Mutter erklärte diese Bezeichnung so: Durch dauernde Erkrankungen hatte ich eine für ein kleines Kind verhältnismäßig tiefe, raue Stimme, ähnlich wie Zarah Leander.

Meine beiden Brüder wurden krank. Günter bekam Gelbsucht, Jürgen eine heftige Diphtherie und Scharlach. Er lag viele Wochen im Krankenhaus in Mürwik, auch über Weihnachten. Dort hinzukommen, war sehr schwierig; die Klinik befand sich auf der anderen Seite der Förde. Dort lag Jürgen auf der Isolierstation. Bei Besuchen konnten wir ihn nur durchs Fenster sehen. Ich erinnere mich, dass meine Mutter oft weinte, wenn wir ihn besuchten. Ein Gutes hatte die Krankheit dann doch. Jürgen durfte aus gesundheitlichen Gründen nicht in die Kellerwohnung entlassen werden.

An eine Weihnachtsfeier erinnere ich mich. Mein Vater nahm mich zu den Engländern nach Mürwik mit. Dort arbeitete er. Die jüngsten Kinder durften zu dieser Feier mitgenommen werden. Wir erhielten Süßigkeiten und jeder einen Teller, auf dem steht: „Remember your stay! 1945–1946, Germany." In der Mitte des Tellers ist eine Glocke abgebildet. Den Teller besitze ich immer noch. Ein englischer Soldat in Uniform nahm mich auf seinen Schoß. Er weinte, Tränen liefen über sein Gesicht. Ich streichelte ihn und versuchte, ihm die Tränen abzuwischen.

Unser neues Zuhause

Im Frühjahr 1946 wurden wir in die Apenrader Straße 17 einquartiert, in ein großes helles Mehrfamilienhaus mit einer Toreinfahrt zum Hof. Wir bezogen eineinhalb Zimmer in der zweiten Etage bei der Vermieterin, Frau G. Für uns war es ein Glücksfall. Frau G. war nicht begeistert, fünf Personen aufnehmen zu müssen. Zwei große Zimmer waren bereits durch zwei Einzelpersonen belegt. Sie selbst bewohnte das Balkonzimmer und ihre Küche mit Balkon stand ihr ebenfalls zur Verfügung. Insgesamt umfasste die Wohnung viereinhalb Zimmer und eine Küche. Sämtliche Räume gingen von einem geräumigen Flur ab. Die Toilette befand sich auf halber Treppe nach unten. Ein Bad gab es nicht.

Es kam damals zu der Wohnungseinquartierung bei Einzelpersonen, weil die Stadt Flensburg es angeordnet hatte. Ein toleranter Weg, Flüchtlinge aufzunehmen. Das kam bei den Mietern der Wohnungen nicht unbedingt gut an.

So wurden wir auch zu Beginn etwas abweisend behandelt. Wir Kinder mussten sehr leise sein. Und auf die wöchentlich frisch gebohnerte Schwelle der Wohnungstür durften wir nicht treten. Darauf achtete Frau G. sehr. Sie beobachtete, ob wir weit genug über die Schwelle traten. Zu oft unser „Reich" zu verlassen, trauten wir uns nicht. „Wir sollten nicht dauernd kötern", hieß es dann. Ein Ausdruck, der beschrieb, man wäre wie ein unruhiger Hund, der laufend in die Wohnung eingelassen oder rausgelassen werden wollte.

Mir gefiel das große helle Mehrfamilienhaus sehr. Oft saß ich am Fenster und blickte in den Hof hinunter, wo die größeren Kinder spielten. Ich mit meinen vier Jahren war noch zu klein, um allein im Hof zu spielen. Froh war ich, als ich dann – in der Obhut meiner Brüder – mit in den Hof hinunter durfte, um zu spielen. Meinem Bruder Jürgen gefiel es sicher nicht, auf mich aufpassen zu müssen. Aber da war Marga, ein großes Mädchen aus dem Hinterhaus, das bald auf mich aufpasste. Ich fühlte mich zu ihr hingezogen. Sie wohnte mit ihrer Familie im Parterre des Hauses. Es gab noch mehr größere Mädchen. Da waren Ingrid, Inge, Ulla, Heidi und Doris. Mir gefiel Marga am besten. Sie regelte alles zwischen uns Kindern, war die Älteste unter den Mädchen. Sie hatte eine ruhige Ausstrahlung. Bald erlernte sie einen Beruf, kam erst abends nach Hause. War etwas vorgefallen zwischen uns Mädchen, hieß es: „Warten wir, bis Marga kommt. Sie regelt das."

Mich ärgerte man zu Beginn, indem man hinter mir herrief: „Flüchtlingspack mit de Lüüs ob de Nack!" Das war Plattdeutsch und hieß: Flüchtlinge mit Läusen im Nacken. Ich lief dann um das in der Mitte des Hofes stehende alte Bauernhaus herum, die größeren Mädchen hinter mir her. Und da riss eines Tages ein Mann mit seiner Frau ihr Fenster zum Hof auf und schimpfte: „Lasst die Kleine in Ruhe!" Und zu mir sagten sie: „Komm doch mal her. Wie heißt du denn?"

Wie sich unser Leben entwickelte

Neue Verwandte, zufällig gefunden, Spielkameraden und Freunde

So begann die Freundschaft mit Onkel und Tante. „Gila", sagten sie, „wenn die Kinder wieder hinter dir herlaufen, dann kommst du schnell hier ans Fenster. Dann brauchst du keine Angst mehr zu haben. Hier bist du sicher."

Bald hielt ich mich oft in der Wohnung bei Onkel und Tante auf. Ich bestaunte die großen Möbel – gepolsterte Sessel, Tisch und Büfett – im engen Wohnzimmer. Im Schrank viel Geschirr, Vasen und Schüsseln. In unserem Haushalt gab es für jeden ein Besteck und einen Teller, einen Becher und wenige Schüsseln und Töpfe. Nach jeder Mahlzeit wurde das Geschirr abgewaschen. Das Wasser dafür holte meine Mutter aus der Küche, erhitzt wurde es auf dem Herd, den mein Vater gebaut hatte. Das Schmutzwasser kam in einen „Plaudereimer" – so wurde er genannt – und das Wasser wurde in der Toilette auf halber Treppe entsorgt.

Unsere Familie wuchs. Meine Oma Emma kam dazu. Sie hatte uns ausfindig gemacht, war zu Fuß über die Grenze gekommen. Sie war so lange wie möglich unterwegs auf der Flucht, weil sie hoffte, zurückkehren zu können, in ihre Heimat.

Jetzt waren wir sechs Personen, die zur Untermiete wohnten. Im halben Zimmer hatte mein Vater eine Wohnküche eingerichtet. Jetzt kam eine Schlafecke für meine Oma dazu.

Meine Eltern und wir Kinder schliefen in dem Wohnzimmer, das abends zum Schlafzimmer für uns fünf Personen umgerüstet wurde. Es standen zwei Einzelbetten hintereinander in dem Raum. Diese belegten meine Eltern. Für meine Brüder wurden das Sofa und die drei gepolsterten Wohnzimmerstühle aneinandergeschoben, befestigt durch den schweren Wohnzimmertisch, damit die Konstruktion nicht auseinanderbrach. Ich schlief im Bett bei meiner Mutter.

Ja, da war jeden Abend viel zu rücken und zu bauen, bis wir ins Bett gehen konnten. Und morgens wurden die Möbel wieder zum Wohnzimmer umfunktioniert. Aber wir waren sicher, es war warm und wir hatten uns.

Mein ältester Bruder wurde bald in die Wohnküche umgesiedelt, zur Oma. Sie vertrugen sich gut. Meine Oma war eine treue Kirchgängerin. Mein Bruder Günter ging zum Konfirmandenunterricht und begann sehr früh, in einem der ersten Fußballvereine zu spielen. Meine Oma verfolgte aufmerksam an unserem kleinen Volksempfänger die Sportsendungen. Besonders das Fußballspiel hatte es ihr angetan. Sie hielt die Sportsachen meines Bruders in Ordnung, damit er sonntags immer sauber beim Spiel antreten konnte.

Die Fußballspiele fanden am Sonntagvormittag statt. Gerade dann, wenn auch die Konfirmanden den Gottesdienst der Petri-Gemeinde aufsuchten. Während des Gottesdienstes unterbrach der Pastor seine Predigt an die Gemeinde kurz und sagte: „Jetzt dürfen die Konfirmanden, die am Fußballspiel teilnehmen, den Gottesdienst verlassen." Diese erhoben sich aus den Reihen und verschwanden fast lautlos zu ihrem wichtigen Spiel. Ich finde, das war eine göttliche Eingebung unseres Pastors!

Unser Pastor der Petri-Gemeinde besuchte alle seine „Schäfchen" regelmäßig zu Hause. Wenn ich ihn die Straße entlanggehen sah – von Haus zu Haus –, dann wusste ich, er würde auch bei uns klingeln. Ich erwartete ihn gerne, weil er immer etwas Neues erzählte. Er war Marinepfarrer im Krieg gewesen, hatte viel gesehen und erlebt. Meine Oma freute sich über seinen Besuch.

Meine Mutter nahm sich auch Zeit, mit ihm zu reden. Mein Vater hielt sich zurück. Meine Brüder lernten ihn im Konfirmandenunterricht kennen. Ich erhielt später auch Konfirmandenunterricht bei ihm.

Rückblickend betrachtet hatte er eine weltoffene Art – er verlieh sich selbst keinen Heiligenschein.

Wir hatten in Flensburg keine Verwandten, kaum Freunde – meine Eltern hatten ein paar Bekannte, die auch aus Schneidemühl kamen. Da war eine ältere Frau, die uns regelmäßig aufsuchte, wenn sie im Wald Pilze gesammelt hatte. „Ich hab' sie schon probiert", waren ihre Worte, damit wir die Pilze mit Genuss essen konnten. „Ach, da ist ja die ‚Schlabbertante' schon wieder", waren die Worte meines Vaters. Er unterhielt sich lieber mit Herrn Klein – auch aus unserer Heimat. Er besuchte uns mit seiner Frau; er nannte sie Häschen und sie nannte ihn Hase. Ich war völlig beeindruckt. So große Hasen hatte ich noch nie gesehen. Die Gespräche hatten oft unsere Heimat zum Inhalt. Und über Politik wurde gesprochen. Es gab sehr oft verschiedene Meinungen – aber man hörte sich gegenseitig zu, immer mit Humor. Ich erinnere mich auch, dass ich, nachdem das Häschen zum Hasen gesagt hatte: „Nun müssen wir aber langsam nach Hause gehen", zur Garderobe eilte, einen Stuhl daran stellte, um die Jacken der beiden Hasen zu holen und sie ihnen zu bringen. „Das macht man aber nicht", wies mich meine Mutter zurecht.

Dann gab es noch den Heimatverein, für Heimatvertriebene aus Pommern. Wir Kinder mussten dort die Weihnachtsfeier bereichern, indem wir Gedichte aufsagten. Na ja, da musste man mitmachen. Einmal begann mein Gedicht mit: „Da steht der liebe Weihnachtsbaum!" Schnell unterbrach ich mich, denn der Baum stand nicht an dem Platz, auf den ich zeigte, auf dem er bei der Probe noch stand. „Ach nein, daaa steht er ja!", rief ich und setzte mein Gedicht fort. Alle haben gelacht. Das störte mich nicht. Er stand ja wirklich dort, wo ich hinzeigte.

In einem Sommer gab es ein Sommerfest im Heimatverein, an dem wir uns auch beteiligten. Ich erinnere mich besonders an einige Volkstänze, die wir mitgestalteten. Natürlich wurde vorher geprobt. Da habe nur noch ich mitgemacht. Meine Brüder waren froh, dass sie schon zu alt dafür waren. Mich nervte die Mutter, die mit uns probte. Auch ihre beiden Kinder spielten oder tanzten mit. Sie wurden von ihrer Mutter fast immer etwas vorgezogen. Das war halt so – aber gestört hat es uns doch. Geübt wurde im „Alten Meierhof" in Meierwik. Dort fand auch das Sommerfest statt. Ich war beeindruckt von dem Blick auf die Flensburger Förde mit den Booten und dem Küstenstreifen gegenüber der Lokalität. Allerdings war es ein weiter Weg vom Norden Flensburgs – mit der Straßenbahn bis zur Endstation Mürwik und dann zu Fuß bis Meierwik.

Oder fuhr dort auch ein Bus hin? Ich erinnere mich nur an die Ziele, wo die Veranstaltungen stattfanden – an die Wege nicht. Sie waren nicht wichtig für mich.

Sonntage

Am Sonntagvormittag besuchte mein Vater mit uns Kindern hin und wieder die neu gefundenen Freunde. Meistens zu einem kurzen Gespräch. Unser Spaziergang führte uns dann weiter in den Ostseebadwald. Der Wald war damals an einigen Stellen sehr kahl, weil die Familienväter die Bäume rodeten, damit in den heftigen Wintermonaten für uns alle genug Holz zum Heizen vorhanden war. Auch mein Vater rodete dort mit, damit wir ein warmes Zuhause hatten. Ich erinnere mich, dass mein Vater oft nicht zu Hause war, weil er irgendwo einer Arbeit nachging. Es war eine schwierige Zeit.

Die Spaziergänge waren schön. Mein Vater erklärte uns etwas über Pflanzen, Bäume und Tiere. Wenn wir zum Wasser hinuntergingen, liefen wir erst über den Weg, dann durch den Strandsand bis ans Wasser, das von großen und kleinen Steinen umgeben war.

Suchten wir den Klueser Wald auf, war der Spaziergang besonders. Der Weg dorthin war weit, fast bis an die Grenze nach Dänemark. Die Bäume standen dichter. Dort waren keine Bäume gerodet worden. Besonders schön ist mir eine große sonnige Lichtung in Erinnerung geblieben. Wir traten aus dem dunklen Wald in den hellen, fast grellen Sonnenschein, der sich über die weite Grasfläche ergoss. Ich liebte es, fast bis zur Mitte der Grasfläche zu laufen, mich ausgestreckt auf den Rücken ins Gras zu legen und in den blauen Himmel zu schauen.

Meine Oma pflegte ihre neu gewonnenen Freundschaften. Sie ging jeden Sonntagmorgen um halb zehn Uhr in die Kirche. Dort lernte sie Frauen ihres Alters kennen. Sie verabredeten sich zum sonntäglichen Kirchgang. Ich schaute ihr manchmal vom Fenster aus zu, wenn sie unten, vor unserer Haustür, auf die Frauen wartete, um gemeinsam zur Kirche zu gehen. Es war für mich beruhigend, wenn ich ihnen zuschaute, wie sie sich begrüßten und dann ihren Weg gemeinsam fortsetzten. Sie machten einen zufriedenen, fröhlichen Eindruck. Ich dachte: „Guck mal, so sieht es aus, wenn du alt bist. Du triffst dich mit deinen Freundinnen und gehst fröhlich in die Kirche." In der Woche trugen die alten Frauen ihre Schürzenkleider und ein Kopftuch dazu. Am Sonntag trugen die Damen alle einen schwarzen Hut und feine, dezente, dunkle Kleidung – was man zu der Zeit so benennen konnte. Es gab ja nicht viele Textilien, aber man verstand es, den Sonntag festlich zu begrüßen. Zur gemeinsamen Bibelstunde verabredete sie sich auch. Das Treffen fand einmal wöchentlich statt. Daran nahmen weniger Frauen teil. Meine Oma fast immer. Es war ihr Ding. Mein Vater, der gerne etwas lästerlich über die Kirche sprach, konnte sie in keiner Weise beeinflussen. Meine Oma war ein zufriedener Mensch. Was sie sich vornahm, das setzte sie um. Und was sie uns sagte, war: „Ich gehe für uns alle in die Kirche und bete für euch mit."

Noch mehr über Oma Emma

Was ich besonders an meiner Oma liebte? Wenn sie mir Märchen erzählte – dabei strickte sie meistens Strümpfe oder sie stopfte oder flickte irgendetwas. Später las sie die Märchen aus einem Buch vor, das wir endlich irgendwann besaßen. Ich hockte mich gerne – auf einem Fußschemel sitzend – dicht an ihre Beine. Auf einem Bild in einem Buch hatte ich so ein Mädchen sitzen sehen. Das gefiel mir. Es war so gemütlich. Ich machte es nach.

Zu unserem Lebensunterhalt trug meine Oma auch bei. Sie hatte sich westlich von Flensburg einige Bauernhöfe ausgesucht, die sie regelmäßig aufsuchte, um dort im Haus und auf dem Feld zu helfen. Sie fuhr mit dem Bus von der Harrisleer Straße aus in Richtung Westen – nach Breklum, Sprakebüll, Königsacker, Ladelund und Achtrup. Ihre ungefähre Rückkehr gab sie vor ihrer Abreise bekannt. Dann holten meine Brüder und ich sie von der Haltestelle in der Harrisleer Straße ab. Sie hatte viel im Gepäck – nämlich die Vergütung ihrer Arbeit: Fleisch und Wurst, Käse, Butter, Eier, Obst. Meine Mutter unterstützte die Fahrten, indem sie Pullover und Socken strickte, die meine Oma auf den Bauernhöfen in Lebensmittel tauschte.

Im Alter von ungefähr neun Jahren fuhr ich in den Ferien mit meiner Oma nach Königsacker.

Dort lernte ich Heidi, die zweitjüngste Tochter der Familie, kennen. Heidi war so alt wie ich.

Sie zeigte mir den Garten, die angrenzenden Felder und den Schweinestall. Dort hielt ich mich lange auf. Es wurden kleine rosa Ferkel geboren. So etwas hatte ich noch nie zuvor gesehen. Ich war fasziniert, wie die Ferkel aus dem Bauch der Sau heraus flutschten. Heidi wurde ungeduldig und sagte: „Komm, wir dürfen die beiden Pferde von der Koppel holen!" Wir machten uns auf den weiten Weg. Wir sollten die Pferde zurück zum Bauernhof führen. „Traust du dich auf das Pferd? Du kannst auf das ruhigere Tier steigen!" „Ja, schon. Aber wie komm ich darauf?" Heidi zeigte es mir: Mit dem Pferd an den Wall treten und vom erhöhten Wall auf das Pferd steigen. Von Steigen war bei mir nicht die Rede, ich krabbelte vom Wall auf das Pferd, krallte mich an der Mähne fest und richtete mich zum Sitzen auf. Da setzte sich das Tier sofort in Bewegung, und zwar flott. Mein erster Ritt auf einem Pferd! Heidi kam mit ihrem Gaul langsam hinterher. Mein Gaul kannte den Weg; je näher er dem Hof kam, umso schneller wurde er. Kurz vor dem Hofeingang krallte ich mich immer fester an die Mähne. Und dann stand das Tier abrupt. Durch den Ruck war ein Festhalten nicht mehr möglich. Ich rutschte ganz langsam über das Hinterteil, über den Schwanz auf den Boden. Da saß ich nun. Heidis Eltern stürzen auf mich zu und zogen mich vom Pferd weg. Ich war mir der Gefahr nicht bewusst. Es war alles gut gegangen. Und jetzt kam Heidi auf ihrem Gaul angetrottet. Wir hatten die Pferde versehentlich vertauscht. Ich hatte das schnellere erwischt.

Von Königsacker aus machten meine Oma und ich uns auf den Weg zu einer anderen Familie. Nicht mit dem Bus, sondern zu Fuß über Wege, Wiesen und Felder. Meine Oma kannte sich aus. „Hab keine Angst vor den Kühen; die tun dir nichts", sagte meine Oma. Der Hof lag sehr abgelegen, einsam. Ich bekam dort eine Aufgabe. Eine der Sauen hatte eins ihrer Ferkel verstoßen. Es musste mit einer Babyflasche gefüttert werden. Das war meine Aufgabe. Ich tat es gerne. Bald kam das kleine Ferkel mir im Stall entgegen.

Wurde ich in den Jahren gefragt, was ich einmal werden möchte, war meine Antwort: Bäuerin. Mit einer Kuh, einem Pferd, zwei Schweinen – wegen der Ferkel –, einem Hahn und einigen Hennen. Und natürlich zwei Hunden und einer Katze.

Oma Clara

… und Opa Emil besuchten uns in Flensburg, als sie das Alter erreicht hatten um uns im Westen besuchen zu dürfen. Es waren lustige Stunden mit ihnen. Es wurde viel von früher erzählt und abends, wenn es zu dunkeln begann, wurde gesungen. Auch das Lied: „O Donna Clara, ich hab' dich tanzen gesehen, das hat das Maß der Liebe vollgemacht …!"

Sie wohnten in Passee im Kreis Wismar auf einem Bauernhof, den sie sich mit vier Familien teilten. Auch Tante Trude und Onkel Erich wohnten dort. Sie hielten sich Kühe und Kälber. Die Kälber trugen die Namen von uns Nichten: Evelyn, Gudrun, Gila und Sabine.

Anfang der Fünfzigerjahre fuhr ich mit meiner Mutter in Begleitung von Oma Clara und Opa Emil mit dem Zug in die DDR. Ich spürte sofort: Hier herrscht etwas anderes! Der Ton der Zugbegleitung war ein anderer – kalt und bestimmend. In den Straßen unterhielten sich die Leute leiser. Meine Cousine wies mich einmal in Wismar zurecht, weil ich über die spärlichen Auslagen lachte. Ich sollte nicht so laut lachen, das täte man nicht. Betrat ich den HO-Laden in Passee, unterhielten sich die Einkäufer nicht mehr, obwohl sie vorher miteinander gesprochen haben.

Aber meine Verwandten hatten ihr Auskommen dort. Damals schickten sie uns zum Fest sogar noch eine Pute; die konnten wir uns im Westen noch nicht leisten.

Meine Mutter

Meine Mutter war der ruhende Pol im Haus. Sie war immer da, wenn wir von irgendwoher nach Hause kamen. Das war ein gutes, sicheres Gefühl. Sie ging jeden Wochentag zum Konsum, um einzukaufen. Wir waren schließlich sechs Personen; da wurde viel Essbares benötigt.

Oft lief ich mit, half tragen – meistens die Milchkanne. Der Milchladen befand sich neben dem Konsum. Fast alles gab es nur auf Lebensmittelmarken. Oft blieben wir auf dem Weg stehen, wenn wir Bekannte oder Nachbarn trafen. Dann wurde „geschnackt" – ganz norddeutsch.

Im Haus kochte und putzte meine Mutter. Meine Oma half ihr bei der Hausarbeit. Im Garten am Trollseeweg half meine Oma meinem Vater bei der Gartenarbeit und bei der Ernte – Johannisbeeren pflücken, Erdbeeren einsammeln und Salat ernten. Gemeinsam wurden zu Hause die Beeren zu Saft verarbeitet und Früchte eingekocht. All das reichte für uns den ganzen Winter lang.

Die Lieblingsbeschäftigung meiner Mutter war das Stricken. Das konnte sie wirklich gut. Sie strickte Pullover, Westover, für mich Röcke und Kleider. Und nähen konnte sie auch. Ich fühlte mich immer gut angezogen. Ihre Werke nahm meine Oma mit aufs Land und tauschte oder verkaufte sie. Auch auf Bestellung arbeitete meine Mutter.

Meine Mutter hatte eine schöne Stimme. Sie sang gerne Volks- und Wanderlieder. Wenn mal wieder Stromsperre war – und das kam in den ersten Jahren nach dem Krieg öfter vor – und ganz

Flensburg oder unser Stadtteil im Norden im Dunkeln lag, wurde eine Kerze angezündet, meine Mutter stimmte ein Lied an und wir sangen mit.

Eines Tages besuchte uns Onkel Christian, der Verwandte meiner Mutter. Er hatte uns gesucht und gefunden. Meine Mutter empfing ihren Onkel etwas reserviert. Hatte er uns doch während der Flucht, als wir bei ihm Station machten, nicht freundlich behandelt. Das hatte meine Mutter nicht vergessen. Er erzählte, dass die Russen seine Frau und seine beiden Töchter vor seinen Augen erschossen hätten. Wir waren alle wie gelähmt, als wir das hörten. Er war ein großer, trauriger Mann geworden.

Mein Vater

Sehr schnell fand mein Vater in Flensburg eine Arbeit. Zuerst arbeitete er in der Ofenfabrik.

Aber schon bald arbeitete er in Mürwik im Fernheizwerk bei den Engländern. Dort machte er Schichtarbeit. Bei Wind und Wetter fuhr er mit dem Fahrrad den langen Weg. In seiner Freizeit reparierte er oft Geräte für uns oder für Fremde. Kaufen konnte man noch nicht viel, also wurde repariert. In dieser Zeit lernte ich, dass man, wenn es den Anschein gab, dass zum Beispiel meine Sandalen entzwei gingen, ich gleich zu meinem Vater ging, damit er die Sandalen reparieren konnte. Den Schaden sollte man so schnell wie möglich beheben, damit er nicht größer wurde. Diese Grundeinstellung zu den Dingen hat mich mein ganzes Leben begleitet.

Neben der Pflege unserer Schrebergärten – zuerst den Garten im Trollseeweg, später kam ein Garten am Lachsbach dazu – half mein Vater bei Freunden und Bekannten, die Wohnungen zu renovieren. Durch Malerarbeiten, elektrische Reparaturen und Anfertigung von einfachen Gegenständen. Er war viel unterwegs, um das Haushaltsgeld für unsere Familie aufzubessern.

Von uns Kindern verlangte er, dass wir gut in der Schule aufpassen sollten, damit wir etwas lernen konnten. War etwas schwierig bei den Hausaufgaben, halfen meine Eltern uns. Da merkte man, dass mein Vater gerne Lehrer geworden wäre, denn er erklärte die Dinge gut.

Seinen Freundeskreis aus früheren Jahren vermisste er. Er feierte gerne Geburtstage und Feste, war gesellig. Da wurde gerne ein Glas zu viel getrunken. Besonders, wenn der selbst angesetzte Wein aus Gartenfrüchten „reif" war. Und dann wurde von früher erzählt.

Meine „Verwandten"

Ich hatte bereits im frühen Alter von vier Jahren meine eigenen Freunde, die ich wie nahe Verwandte empfand, gefunden. Es war ein glücklicher Zufall, dass ich mich mit Onkel und Tante, die völlig fremd für mich waren, anfreundete. Sie wohnten im Hinterhaus mit ihren beiden erwachsenen Kindern Luise und Paul. Ich passte dazu wie ihr Enkelkind. So wurde ich auch aufgenommen. Wir freundeten uns an, wie bereits geschildert, als ich einmal vor der Meute von Kindern flüchtete, denn sie waren alle hinter mir her. Worum es dabei ging, kann ich nicht einmal sagen. Es war eigentlich nur ein Hinter-mir-Herlaufen, immer um das alte Bauernhaus herum, das in der Mitte des Hofes stand.

Auf jeden Fall rissen Onkel und Tante ihre Wohnungstür auf und ich stürzte hinein. Sie gaben mir Schutz vor den Verfolgern. Ich hatte immer einen sicheren Platz, wenn ich im Hof spielte. Unsere Wohnung war in der zweiten Etage im Vorderhaus, ein weiter Weg. Schließlich wollte ich weiter im Hof spielen. Außerdem gab es in der Wohnung bei Onkel und Tante eine Toilette, die ich im Notfall benutzte. So musste ich nicht in die zweite Etage in unsere Wohnung hinauf. Und, wer weiß, ob ich wieder hinunter zum Spielen durfte?

Und, was mir sehr gefiel, war, dass Onkel und Tante fast immer zu Hause waren. Onkel hatte keine Arbeit gefunden, beschäftigte sich in seiner Werkstatt im Schuppen gegenüber seiner Wohnung. In seiner Werkstatt arbeitete er oft am Schraubstock, um etwas herzustellen. Oder er räumte seine Werkstatt auf. Ich schaute ihm gerne bei der Arbeit zu, wollte ihm helfen. Bald erhielt ich einen eigenen kleinen Schraubstock. Das gefiel mir. Jetzt hatte ich auch etwas zu tun, schraubte und feilte.

An den langen Winterabenden ging ich oft zu Onkel und Tante, um „Mensch ärgere dich nicht" zu spielen. Wenn ich über den Hof ging, klapperte ich mit dem Spiel. Das war das Zeichen, dass ich im Anmarsch war. Onkel drehte dann in der Küche und im Flur das Licht an, damit ich nicht über den dunklen Hof laufen musste, und öffnete mir die Tür. Ich spielte gerne mit Onkel, Tante und mit Luise.Oft gewann ich. Tante machte dann die Bemerkung, an Onkel gerichtet: „Das ist aber nicht gut, dass du das Kind gewinnen lässt." Ich genoss es, zu gewinnen. Wenn ich mit meinen beiden Brüdern spielte, hatte ich einen schweren Stand. Sie spielten beide gegen mich, sodass ich verlor. Da liefen manchmal bei mir die Tränen und einige Male forderte ich dann von meiner Mutter die Lebensmittelmarken, die mir zustanden, um damit zu Onkel und Tante zu gehen, um bei ihnen zu leben. Eines Tages, als ich wieder meine Lebensmittelmarken forderte, stand meine Mutter auf, griff die Marken, drückte sie mir in die Hand und schob mich zur Wohnungstür hinaus. Da stand ich nun vor verschlossener Tür.

Ich klingelte, man machte mir nicht gleich auf – erst nach längerem Klingeln öffnete mir meine Mutter. Ich weinte, gab die Marken zurück. Meine Mutter nahm mich wortlos in die Arme. Nie wieder forderte ich meine Marken, um zu Onkel und Tante zu gehen.

Mit Luise, der Tochter von Onkel und Tante, fuhr ich eines Tages zu ihren Großeltern in ein kleines Dorf in Angeln. Wir fuhren mit dem Bus – eine für mich lang erscheinende Tour. Die Häuser im Dorf standen weit auseinander, von Gärten mit bunten Blumen und grünen Wiesen umgeben. Endlich erreichten wir das Haus der Großeltern. Und da saß der Opa auf dem Tisch in seinem Arbeitszimmer und nähte an einer grauen Jacke. Er war Schneider.

Drei Tage blieben wir dort. Ich beobachtete, so oft ich es konnte, wenn er auf den Tisch stieg oder wieder herunter krabbelte. Er saß mit untergeschlagenen Beinen auf dem Tisch – im Schneidersitz – das sah ich zum ersten mal.

Zusammenspiel

Wir waren manchmal zwischen zehn und fünfzehn Kinder, die im Hof zusammenkamen. Der Hof war von Mauern zu den Nachbarhäusern abgegrenzt. Die großen Kinder kletterten über die Mauern, die kleineren kamen durch das Hoftor in unseren Hof. Alle Altersgruppen bis fast sechzehn, siebzehn Jahren waren vertreten. Wir Jüngeren hörten auf die Älteren, die sich teilweise schon in der Lehre befanden und, wenn sie Feierabend hatten, den Ton in unserer Kindergruppe angaben. Wir machten Ausflüge zusammen, erst in der Nähe. Später in den Ostseebadwald oder zum Strand.

Unsere größte Tour ging mit der Straßenbahn zur Endstation nach Mürwik, von dort zu Fuß nach Meierwik in den Wald. Wir hatten uns mit Verpflegung versorgt, machten gemütliche Pausen im Wald. Leider zerstritten wir uns auf der Tour im Laufe des Tages. Es waren die Älteren, die sich uneins waren. Worum es bei dem Streit ging, bekam ich nicht mit. Ich war ja die Kleine und machte mir Sorgen, von wem ich wohl nach Hause mitgenommen werden würde. Irgendwie einigten sich die Großen. Wir trotteten in kleineren Gruppen am Spätnachmittag zur Straßenbahnhaltestelle Endstation Mürwik zurück, um nach Hause zu fahren.

Der Ostseebad-Wald war oft unser Ziel. Wir genossen es, von den Abbruchkanten des Waldes weit in den weichen, eisenhaltigen roten Sand zu springen. Allerdings färbten sich unsere Füße und Beine durch den Sand leicht rötlich. Die tiefe Schlucht im Lachsbachtal, am Rande des Waldes entlang der Einfamilienhäuser der Straße „Im Tal" bis hinunter zum Ostseebad in Höhe der Brücke, barg für uns Geheimnisse. Die Größeren erzählten unheimliche Geschichten, wir Kleinen hörten voller Staunen zu.

Das Baden im Ostseebad war herrlich. In den Sommerferien trafen wir uns fast jeden Tag am Strand. Im Mehrfamilienhaus, in dem wir wohnten, lebte im Parterre eine Kriegerwitwe mit drei Kindern. Sie war eine Sonnenanbeterin, lag schon in der Frühlingssonne auf ihrem Balkon, um sich zu bräunen. Und sie hatte Zeit, an den Strand zu gehen und die Aufsicht für die kleineren Kinder aus der Nachbarschaft zu übernehmen. Meine Mutter vertrug die Sonne nicht gut. Außerdem war sie mit dem Einkochen der Gartenfrüchte, die mein Vater und meine Oma in unseren beiden Kleingärten ernteten, voll beschäftigt. Das war eine praktische Lösung mit der Badeaufsicht. Denn die meisten Erwachsenen hatten keine Zeit, am Strand zu liegen. Die Männer gingen ihrer Arbeit nach, die Frauen kochten, putzen, kauften ein. Es gab noch keine Waschmaschinen, keinen Geschirrspüler. Die Hausarbeit war zeitaufwendig.

Wir Kinder tobten uns so richtig am Strand aus. Da waren auch noch andere Kinder aus dem Norden Flensburgs, die sich zum Ballspielen, Muschelkampf, Burgenbauen und Fußballspiel zusammenfanden. In den Sommerferien konnten wir am Schwimmkurs teilnehmen. Hatte man sich angemeldet, war das Erscheinen Pflicht. Nahm man sonst ja einer anderen Person den Platz weg. Der Sportlehrer der Ramsharder Schule, leitete die Kurse. Wir begannen mit Trockenübungen am Sandstrand, machten unsere Schwimmbewegungen im Sand. Waren unsere Schwimmbewegungen gut genug, durften wir ins Wasser zum eingegrenzten Schwimmbecken. Um unsere Bewegungen zu kontrollieren, schwammen wir an der kleinen Brücke vorbei, von der aus uns der Sportlehrer korrigierte. Und dann hieß es: Du machst jetzt Freischwimmen – eine Viertelstunde schwimmen –, du machst jetzt Fadenschwimmen – eine halbe Stunde schwimmen mit einem Sprung von der großen Brücke ins Wasser. Im Alter von elf Jahren machte ich in einem Sommer Frei- und Fadenschwimmen. Dadurch gab es im Sportunterricht eine bessere Note. Ich war eine richtige Wasserratte. Leider machte ich in den späteren Jahren keine fortschreitenden Kurse mehr. Es war etwas anderes wichtig.

Die ersten Freundschaften mit Jungs entwickelten sich am Strand – beim Ballspiel und im Wasser herumtobend. Meine erste Verabredung hatte ich mit Gerd. Er ging schon in die Lehre und ich war vierzehn Jahre alt. Wir verabredeten uns zum Spaziergang an einem Sonntag, gingen in der Marienhölzung Hand in Hand spazieren. Es war ein schönes Gefühl. Kamen uns Leute entgegen, ließen wir uns los. Wir wählten die Marienhölzung, weil der Wald weiter entfernt von unserem Zuhause war. Wir wollten nicht gesehen werden. Als ich an diesem Nachmittag nach Hause kam, sagten meine beiden Brüder: „Na, war es schön im Wald?"

Ein Spiel, das immer von Wolf aus der Terrassenstraße angekündigt wurde, ging so vor sich: Wolf kam aus der Schule – sein Weg führte an unserem Haus vorbei. Er trommelte alle Kinder zusammen, indem er rief: „Gila, heute ist Krieg, wir treffen uns alle um vier Uhr an der Ecke Terrassenstraße. Sag allen Bescheid, die du triffst. Ich hab' Westen, Hüte und Säbel aus dem Theater gekriegt. Das wird verteilt!" Die Nachricht gab ich weiter; sie war ja wichtig! Wolfs Vater war Gewandmeister am Theater. So kam sein Sohn an die tollsten ausrangierten Sachen, um die wir uns alle rissen. Wir waren eine stattliche Horde Kinder, die sich pünktlich an der Straßenecke traf. Hüte, Säbel und Westen wurden verteilt. Ich gehörte zum Fußvolk, weil ich zu den Kleinen gehörte. Ich war glücklich, wenn ich eine Fahne erhielt, die ich dauernd schwenkte und mit zur Mitte der Teerassenstraße lief, wo der Feind, die Kinder der Terrassenstraße, uns erwarteten. Es wurde gejohlt, geschimpft, wenn die Älteren aufeinandertrafen. Wolf war unser Anführer. Obwohl er in der Terrassenstraße wohnte, war er die Person, die uns – die Kinder der Häuser der

Apenrader Str. Nr. 17, 19, und 21 – anführte. Die Kämpfe verliefen ohne große Verletzungen. Es wurde geschubst, festgehalten und die Arme mal verdreht. Wichtig waren die Kämpfer, die einen Säbel ergattert hatten. Diese wurden vom Fußvolk angefeuert. Die Kämpfe waren nicht von langer Dauer. Der Streit, um den es ging, wurde zügig behandelt. Meistens hatten gegenseitige Beschuldigungen, die irgendeine Person gehört hatte und die als beleidigend aufgefasst wurde, zum Kampf geführt. Das konnte man doch nicht auf sich sitzen lassen! Alle Kinder der Apenrader Straße wären Feiglinge!!! Das musste geklärt werden. Die Klärung erfolgte zügig. Friedlich zogen wir ab. Wolf sammelte die an uns verteilte Kriegsausrüstung ein – für die nächsten Kämpfe. Bald stellten wir die Spiele ganz ein. Wolf hatte keine Zeit mehr für unseren Straßenkrieg. Auch er begann eine Berufsausbildung.

In den Sommermonaten war das schönste Spiel: „Hinternachkommer" in den Abendstunden. Den Begriff hatten die größeren Kinder geprägt. Es lief so ab: Es wurden zwei Gruppen gebildet; jede Gruppe bestand aus ca. fünf bis acht Kindern. Es wurde entschieden, welche Gruppe zuerst loslaufen durfte. Und dann ging es ab: über den Zaun auf das Grundstück des Schlachthofes, geduckt durch die Gänge, durch die das Schlachtvieh getrieben worden war. Die Gänge wurden immer mit großem Wasserstrahl gesäubert. Also es stank nicht auffällig, war sauber. Dann über das offene Gelände, versteckt hinter Ecken der Gebäude. Über den Zaun bis runter zur Batteriestraße. Über die Schienen. Dort standen Eisenbahnwaggons. Das waren die besten Verstecke. Weiter zum Juchhei, ein kleiner Strand an der Flensburger Förde. Hier wuchsen Büsche, lagen Kähne umgekippt im Sand. Es war spannend, besonders wenn es zu dunkeln begann. Natürlich durften wir eigentlich nicht auf diesen Geländen spielen; wir wurden immer ermahnt, die Waggons zu meiden, denn es trieb sich zu der Zeit eine finstere Person dort herum, warnte man uns. Mir ist es einmal passiert, dass ich in einen Waggon klettern wollte, in dem ich einen Schatten einer großen Person sah. Ich sprang sofort vom Waggon hinunter und rannte davon.

Wir fanden Verstecke und harrten aus, bis die Gruppe, die uns nachgekommen war, uns ausfindig machte. Wir traten gemeinsam den Rückweg an und erzählten uns Schauergeschichten. Es war immer ein echtes Erlebnis.

Waschtag

Einmal im Monat hatte jede Familie in unserem Haus „Große Wäsche". Man trug seinen Termin in das Waschbuch ein. Uns standen zwei Tage zu. Meine Oma bewältigte die Arbeit in der Waschküche unten im Hof. Schon früh morgens um fünf setzte sie den Ofen in Gang und kochte zu Beginn die Weißwäsche, später das bunte Zeug. Bei Sonnenschein hängte sie die Wäsche auf dem Rasenplatz der einen Hofseite auf. In der Mitte des Hofes stand das alte Bauerhaus aus dem siebzehnten Jahrhundert, auch von Flüchtlingen bewohnt. Wir Kinder waren froh, wenn die Wäsche schnell trocknete und abgenommen wurde. Konnten wir dann doch wieder den gesamten Hofplatz nutzen. Auf der Rasenfläche stand eine große, stabile Teppichstange. Damals wurden die Teppiche regelmäßig geklopft. Einen Staubsauger gab es noch nicht. Die Teppichstange war für uns Kinder ein beliebtes Turngerät.

Bei Regenwetter und in den Wintermonaten wurde die Wäsche auf dem Boden des Vorderhauses aufgehängt. Da trug meine Oma, meine Mutter, manchmal auch mein Vater die schweren Wäschekörbe von der Waschküche im Keller bis in die vierte Etage und dann noch die Bodentreppe hinauf, um die Wäsche aufzuhängen damit sie trocknete. Ich schlich mich oft, das heißt, wenn meine Oma die Wäsche aufhängte, auf den Boden, um die Aussicht zu genießen. Es war ein verhältnismäßig großes Bodenfenster zur Straße hin, aus dem ich blicken konnte. Da bemerkte ich erst, wie schön es in der Stadt war, in der wir jetzt lebten. Ich konnte das Wasser, die Förde und die Schiffe sehen. Und die Häuser, die Bäume auf der anderen Seite der Förde. Direkt unter mir die Apenrader Straße mit der Abzweigung zur Werftstraße. Ich sah die O-Busse auf ihrem Parkplatz mit den großen Toren, durch die sie abends fuhren, um sich auszuruhen. Wurden die Stromverbindungen unterbrochen, machten die Busse ein Geräusch: „Puuuhpf." Ich hörte dieses Geräusch gerne. Es hatte so etwas Lebendiges, als wären die Busse Lebewesen. Dann war da noch der Schlachthof mit seinen Gängen, durch die das Vieh getrieben wurde, wenn es mit Lastwagen zur Schlachtung angefahren wurde. Etwas entfernter lag das große Gelände von N. N. Brink, einem Holzgroßhandel. Das alles erblickte ich aus dem Bodenfenster, aus einer ganz anderen Perspektive, als aus unserem Zimmerfenster in der zweiten Etage. Ich genoss es.

Wir Kinder durften uns eigentlich nicht auf dem Boden aufhalten. Ich schlich deshalb leise und vorsichtig zwischen den Wäschestücken hindurch; um zu meinem Lieblingsplatz zu gelangen. Meine Oma rief dann, wenn sie den Boden verlassen wollte: „Gila, du bist doch da? Komm, wir gehen jetzt runter!" Und ich folgte ihr ganz leise, damit keiner der Bewohner mitbekam, dass ich mich auf dem Boden aufgehalten hatte.

Das alte Bauernhaus

Das Bauernhaus in der Mitte des Hofes hatte einen alten, ganz staubigen Boden. Die Bodenbretter waren rissig und brüchig. Das war unser geheimer Platz. Natürlich durften wir Kinder diesen Boden nicht betreten. Wir taten es trotzdem – wenn die Bewohner nicht da waren. Wir schlichen entweder die knarrende Holztreppe hinauf oder wir kletterten von außen durch das geräumige Fenster auf den Boden. Dabei halfen die Großen den Kleinen.

Außen wurden wir hochgehoben, oben wurden wir in Empfang genommen. Das Schönste war allerdings, wenn wir nacheinander aus dem Bodenfenster ins Freie sprangen. Hinter dem alten Bauernhaus ging das Grundstück etwas bergauf, also der Abstand vom Fenster zum Erdboden verringerte sich. Deshalb konnten wir hinausspringen. Das waren besonders schöne Momente. Der Spaß dauerte meistens nicht sehr lange, weil irgendein Bewohner oder sogar der Hauswirt selbst uns mit Beschimpfungen verjagte. Wir verkrümelten uns dann schnell, spielten dort, wo wir es durften. Aber immer wieder schafften wir es, heimlich auf den Boden zu schleichen, um aus dem Fenster zu springen. Es war ein kurzer Spaß, aber einfach zu schön.

Streit

Natürlich gab es auch Streit unter uns Kindern. Bei der Auswahl der Spieler für das Völkerballspiel konnte es schon mal vorkommen. Man war sich uneins. Irgendjemand fühlte sich ungerecht behandelt, wollte in der anderen Mannschaft mitspielen. Dann wurde diskutiert und wir einigten uns immer. Einer der Größeren sagte: „Schluss jetzt! Was wollt ihr? Das Spiel beginnen oder streiten?" Wir begannen das Spiel; das war wichtiger. Ich war froh, wenn ich von einem Älteren ausgesucht wurde, in seiner Mannschaft mitzuspielen. Lange Zeit war ich die Letzte, die für eine Mannschaft ausgewählt wurde. Aber ich lernte dazu und strengte mich an, weil ich dabei sein wollte. Und das war gut so.

Die Jungen kloppten sich auch öfter mal. Ich war dann auch dabei, weil ich Kurt zugeteilt war, wenn er frech oder gemein gewesen war. Kurt war nicht so kräftig gebaut; deshalb wurde ich ausgesucht, mich mit ihm zu kloppen. So richtig kloppen mochte und konnte ich nicht. Er war ja eigentlich mein Freund und er hatte mir nichts getan. Ich flüsterte ihm zu: „Jammer doch endlich!" Aber es war auf jeden Fall kräftemäßig gerecht verteilt. Über dieses soziale Verhalten, das wir damals anwandten, mache ich mir heute oft Gedanken. Es war doch im Grunde bemerkenswert, dass wir Kinder uns so verhielten. Und die Älteren machten uns das vor, brachten uns das bei. Wenn jemand auf dem Boden lag, wurde nicht weiter gekloppt. Das war eine Frage der Fairness. Wenn ich heute Kinder sehe, mit welcher Brutalität sie aufeinander losgehen, dann läuft da etwas ganz verkehrt. Damals war der

Krieg noch nicht lange vorbei. Eigentlich hätten die Älteren, die ja im Krieg Schreckliches bewusster erlebten, brutaler vorgehen können. Sie taten es nicht. Wir Kinder achteten uns gegenseitig und hatten Respekt voreinander.

Ausnahmen gab es auch. Im Hinterhaus wohnte eine Familie,, ihre Tochter, war in meinem Alter. Sie stritt gern mit mir; sie versuchte, mich zu ärgern, und schummelte bei dem Spiel „Die Ball-Zehnte" – ein richtiges Mädchenspiel. Das war ein Spiel, bei dem man mit einem etwas größeren Ball durch zehn unterschiedliche Aufgaben die Wand berührte. Wer fehlerfrei die Aufgaben löste, hatte gewonnen. Wir spielten an der breiten Hauswand des Hinterhauses, denn diese Wand hatte keine Fenster. Hier konnte die Mutter sich einmischen; sie schaute uns von oben aus der 1. Etage aus ihrem Küchenfenster zu. Und sie mischte sich gerne ein. Zum Glück war sie die einzige Mutter, die das tat. Meine Mutter sagte: „Die Frau muss ja viel Zeit haben, dass sie euch so lange zuschaut." Ich denke, der Grund für die Feindschaft. gegen uns war, dass wir Flüchtlinge waren.

Ein weiterer Grund war wohl, dass Onkel und Tante, meine gesuchte Wahlverwandtschaft, in der Wohnung im Parterre des Hauses lebten. Ich vermute, da hatte ich wohl den Neid der Familie geweckt.

Die Enkelin des Hauswirts – sie war schon etwas älter – versuchte, wenn sie im Hof mitspielte, die Kleinen zu ärgern und zu quälen. Ich ging ihr aus dem Weg. Ich erfuhr später, dass sie in einem Flensburger Ladengeschäft kurzfristig mit meinem Namen beschäftigt war. Die Chefin sprach mich deshalb an. Man könnte sie belangen deswegen. Ich tat es nicht. Zu dieser Person wollte ich nur Abstand.

Ihr Bruder war ein ganz anderer Mensch. Mein Bruder Günter war mit ihm befreundet. Oft kam er nach Feierabend zu uns. Er fühlte sich wohl in unserer Gesellschaft. Sein Zuhause mit seiner Mutter und seiner merkwürdigen Schwester gab ihm wenig Familienleben.

Winterfreuden

Im Winter, bei Eis und Schnee, glitschten die großen Spielkameraden für uns alle eine Glitsche im Hof. Da glitschten wir dann nacheinander über das glänzende Eis. Es war toll.

War frischer Schnee gefallen, gab es eine Schneeballschlacht – oft bis in den dunklen Abend hinein. Da kam mir zugute, dass ich – nass, wie ich war, durch Eis und Schnee – zu Tante und Onkel ging, um mich am warmen Ofen zu trocknen. Ich musste nicht in die 2. Etage hinauf, um mich aufzuwärmen. Gut durchgewärmt, mit trockenen Handschuhen versorgt, konnte ich wieder hinaus in das Schneeparadies.

Abends begossen die Großen die Glitsche mit Wasser. Auch Schnee warfen sie darauf und glätteten die Partie vorsichtig mit etwas Gestrüpp. Dadurch erhielt die Glitsche eine glatte Fläche für den nächsten Tag. War über Nacht Schnee gefallen, häuften die Großen unter dem Bodenfenster des alten Bauernhauses einen Schneeberg an – und hinein sprangen wir vom Bodenfenster in die weiche Schneemasse. War das eine Freude!

Die Schule

Mit sechs Jahren, im Frühjahr 1948, wurde ich in die Ramsharder Mädchenschule eingeschult. Es war ein kalter Morgen. Von meinem Bruder Jürgen zog ich für mich zu große Schuhe an, mit dicken Socken und dicken langen Strümpfen passend gemacht. Aus einem gelblichen Wollstoff hatte meine Mutter mir einen Mantel, dazu passend eine Mütze genäht. Das war schon recht ordentlich für die Zeit. Meine Mutter nähte und strickte für uns Kinder sehr viel. Sie hatte Talent dazu. Ich fühlte mich immer gut angezogen, auch wenn ich mal einen abgelegten Pullover meines Bruders trug, mit bunter Borte zum Mädchenpullover umfunktioniert.

Eine Schultüte konnten meine Eltern mir nicht kaufen. Ich erhielt trotzdem eine Schultüte. Luise, die Tochter von Onkel und Tante, bastelte mir eine weiße Tüte aus etwas dickerem Papier. Sie bemalte die Tüte mit Märchenmotiven. Voller Stolz machte ich mich mit meiner Mutter auf den ersten Schulgang, zuerst in die Petrikirche, zum Einschulungsgottesdienst. Viel ist mir davon nicht in Erinnerung geblieben. Die ersten Schultage empfand ich als laut und etwas beängstigend. Das Schubsen und das laute Schreien der Mitschülerinnen störten mich. Da kommt wohl zum Tragen, dass ich mich zu Hause in der Wohnung möglichst leise verhalten musste. Aber ich gewöhnte mich schnell an den Lärm, fühlte mich aber immer zu den ruhigeren Mitschülerinnen hingezogen.

Da war Frauke – sie wohnte im Schwarzen Tal. Ihre Mutter war sehr krank. Ihr Vater versorgte Frauke und ihren Bruder. Ich freundete mich mit Frauke an, brachte ihr manchmal ein Schulbrot mit. Einige Mädchen aus der Klasse lästerten über mich, wenn ich mit Frauke spielte. „Wenn du mit Frauke spielst, spielen wir nicht mehr mit dir", sagten sie. „Mit euch will ich sowieso nicht spielen." Sie waren aus „besserem Hause", die Tochter des Textilgeschäftes und die Tochter des Apothekers. Sie hatten mir gegenüber „eine große Klappe". Das gefiel mir nicht.

Durch unsere Klassenlehrerin wurden wir, an die vierzig zählenden Schülerinnen, öfter umgesetzt. Mal waren es die besten Rechnerinnen, die in der Sitzreihe ganz vorne saßen, mal die Mädchen, die am besten schreiben oder zeichnen konnten. Ich saß mit an erster Stelle, wenn es darum ging, wer am leisesten war. Sonst saß ich fast immer im Mittelfeld.

Unangenehm war, die Toilette aufzusuchen. Auf der Grenze zur Jungenschule befanden sich die Toiletten. Von unserer Seite waren die für die Mädchen, von der anderen Seite die der Jungen. Es roch schrecklich nach Reinigungsmittel und Urin.

Mein Bruder Jürgen besuchte bis zur Umschulung zur Mittelschule diese Jungenschule. Da war ich gerade erst eingeschult worden, als er diese Schule verließ.

Schulspeisung und die Verabreichung von Lebertran in den ersten zwei Schuljahren waren für mich belastend. Die Essensgerüche und den Geruch des Lebertrans fand ich sehr unangenehm. Sonnabends gab es immer Kakao und ein Brötchen. Darüber freute ich mich.

Meinen Schulweg legte ich meistens über die Terrassenstraße mit der großen Treppe zum Ramsharder Weg zurück. Dort traf ich mich mit meiner Freundin Astrid. Mit Gunda und Wilma, die in Nummer 21 wohnten, ging ich seltener, obwohl wir den gleichen Schulweg hatten. Wir waren nicht so richtig miteinander befreundet.

Schlug ich meinen Schulweg Richtung Bauerlandstraße ein, musste ich damit rechnen, von der jüngeren Schwester von zwei Brüdern, die in Nr. 9 wohnte, beschimpft und geschubst zu werden. Meine Brüder waren mit ihren Brüdern zerstritten – warum, wusste ich nie so richtig. Sie war etwas älter als ich und kräftiger. Manchmal ging ich auf die andere Seite der Straße, versuchte ihr aus dem Weg zu gehen. Dann rief sie zu mir rüber: „Na, du Feigling, du hast wohl Angst vor mir!"

Die Kinder, die in Hausnummer 15 – der Tankstelle mit Nebengebäuden –, 13, 11 und Nummer 9 wohnten, gehörten nicht zu den Spielkameraden, die sich in unserem Hof Nummer 17 zum Spielen trafen. Ich kannte die Leute, die dort wohnten, kaum. Die Nummer 13 war eine große Villa, die hinter einer großen Hecke weit hinten lag. An die Familie, die zwei Töchter hatte, kann ich mich kaum erinnern. Daneben lag die Villa des Arztes, zu der Tochter hatte ich zeitweise Kontakt. Ich spielte dann bei ihr, fand es langweilig, denn es gab dort keine weiteren Spielkameraden. In unseren Hof kam sie selten. Ich denke, es war ihr verboten, mit den „Schmuddelkindern" zu spielen. Da wurden schon gesellschaftliche Grenzen gezogen. Für mich war das unwichtig – in unserem Hof war immer etwas los. Das gefiel mir.

Mit Gunda, die ich besonders sportlich einschätzte, übte ich Rollschuhlaufen. Ich bekam die abgelegten Rollschuhe meines Bruders. Gunda und ich übten jeweils auf einem Rollschuh – erst der linke Fuß, dann der rechte Fuß –, immer im Wechsel. Es war nicht leicht, aber wir übten fleißig auf der Werftstraße – ein Teil der Europastraße –, von durchfahrenden Dänen, Norwegern und Schweden genutzt, die manchmal anhielten und uns Bonbons und Schokolade schenkten. Und sie waren alle sehr freundlich und lächelten uns zu. So etwas vergisst man nicht. Die Werftstraße war durch ihre Beschaffenheit für das Rollschuhlaufen ideal. Bald bekamen wir beide neue Rollschuhe – und dann ging das Laufen richtig los – immer noch die Werftstraße nutzend, da sie wenig befahren war, und weiter zur Batteriestraße und wieder zurück.

Und irgendwann konnten wir uns Ballonroller ausleihen. Im Hof eines Hauses in der Terrassenstraße wurde es möglich. Das Angebot wurde gut angenommen – wir standen zeitweise Schlange um gegen ein Entgelt von 25 oder 50 Pfennigen für die Zeit von 15 oder 30 Minuten Fahrer eines so tollen Rollers zu sein.

... und wir spielen weiter ...

Während eines Sommers übten die größeren Kinder mit uns ein Theaterstück ein. Es hieß „Der Schweinehirt". Die Bühne war die Teppichstange, erschaffen durch gespannte Wolldecken. Kostüme bekamen wir von der Bewohnerin des in der Mitte des Hofes stehenden, alten Bauernhauses. Diese Frau sah aus wie eine Italienerin, mit leuchtenden Farben bekleidet. Nun waren wir auch bunt und glänzend in ihren Sachen. Das gefiel besonders uns Mädchen. Auch ich war dabei, hatte eine kleine Rolle – ohne Text. Dabei zu sein war für mich wichtig.

Zur Vorstellung wurden alle Hausbewohner der Häuser Nummer 17, 19 und 21 eingeladen. Seinen Sitzplatz brachte jeder Zuschauer mit und nahm darauf vor unserer Bühne Platz. Von dem eingesammelten Eintrittsgeld kauften wir uns später alle ein Eis am Stiel.

Unser Hauswirt feierte einen besonderen Geburtstag. Wir Kinder übten ein Geburtstagslied für ihn ein und überbrachten ihm von uns gebastelte Geschenke. Obwohl der Hauswirt uns oft beobachtete und gerne einen Grund fand, mit uns Kindern zu schimpfen, waren wir uns einig, dass wir ihm eine Freude machen wollten. Ich sagte, auf den besonderen Wunsch seiner Schwiegertochter ein Gedicht auf: „Die graue Stadt am Meer" von Theodor Storm. Der Hauswirt war in Husum geboren. Deshalb sollte es dieses Gedicht sein. Das Geburtstagskind war zu Tränen gerührt.

Erst nach den Schularbeiten durfte ich zum Spielen in den Hof. Manchmal rief man vom Hof aus nach mir: „Gila, komm runter, wir wollen spielen." Wenn ich mit den Schularbeiten noch nicht fertig war, ging meine Mutter ans Fenster und rief hinunter: „Hört auf zu rufen, Gila ist noch bei den Schularbeiten. Sie kommt aber gleich runter." So wurden die Nachbarn nicht länger gestört durch das Geschrei. Es gab auch Ältere im Haus, die Ruhe brauchten. Darauf nahm man Rücksicht.

Meine Leistung in der Schule war durchschnittlich. In einem Aufsatz hatten wir die Aufgabe, zu schildern, wie eine Hasenmutter einen neuen Unterschlupf für ihre Kinder suchte. Es waren vier kleine Hasenkinder, die von der Hasenmutter transportiert werden mussten. Ich schilderte jeden Weg mit jeweils einem Jungen für sich. Dadurch zog sich mein Aufsatz in die Länge. Das brachte mir den Spott des Lehrers ein. Aber ich verteidigte meine Beschreibung: „Ich beschreibe doch nur, wie anstrengend es für die Hasenmutter war, den Weg viermal mit ihren Jungen hin und zurück zu laufen."

Eine Zeichnung vom Jahrmarkt, die ich voller Begeisterung malte, handelte mir Lob ein. Ich hatte lauter kleine bunte Strichmännchen auf dem Papier verteilt – zwischen Buden und Karussells. Es war ein buntes Treiben.

Zwischen den Spielen - Besuch bei Onkel und Tante im Hinterhaus

In unserem Hof spielte ich sehr gerne. Und ich genoss es, zwischendurch Onkel und Tante zu besuchen. Dort gab es so viele schöne Sachen, Geschirr, Gläser in den Schränken, Bilder an der Wand und Bücher. Oft riefen sie mich zur Kaffeezeit herein. Dann gab es fast immer etwas Leckeres, etwas Süßes. All das, weder Geschirr noch Süßigkeiten, gab es zu der Zeit nicht reichlich. Geschirr gab es in unserem Haushalt sehr spärlich. Mir gefiel eine Glasschale ganz besonders. Ich freute mich, wenn sie dort auf dem Wohnzimmertisch stand. Eines Tages bekam ich sie geschenkt. Diese Schale ist noch heute in meinem Hausstand – ein Erinnerungsstück, das ich in Ehren halte.

Wenn ich bei Onkel und Tante besonders still war, den Anschein von Traurigkeit zeigte, holte Tante ihre Puppe mit dem Porzellankopf aus dem unteren Teil des Wohnzimmerschrankes.

Dann durfte ich mit der Puppe spielen – ganz vorsichtig wegen des Porzellankopfes. Ich war in den Augenblicken sehr glücklich. Eine Puppe besaß ich damals noch nicht.

Einen Sommer lang war ich stolze Nutzerin eines Kinderfahrrades, das Onkel für einen Bekannten reparieren sollte. Der Bekannte erhielt Bescheid, dass die Ersatzteile nicht zu bekommen waren und es deshalb länger dauerte mit der Reparatur. „Gila, fahr aber bitte nur im Hof mit dem Fahrrad!" Vergnügt fuhr ich um das in der Mitte des Hofes stehende Bauernhaus herum. Es war schön. Im Herbst begann Onkel, das Fahrrad fertig zu reparieren, damit der Sohn seines Bekannten das Fahrrad zum Geburtstag bekommen konnte.

Weihnachten

Ich war erst fünf Jahre alt, als ich Onkel, Tante, Luise und Paul zu uns zum späteren Heiligabend einlud – nach unserem Kirchgang mit meiner Oma, nach unserem Festessen Kartoffelsalat mit Würstchen, nach unserer Bescherung. Da gab es dann Kaffee und Plätzchen. Für mich gehörte meine neue Familie dazu. So ganz passte es meinen Brüdern sicher nicht. Und Paul kam auch nicht so gerne mit. Aber die anderen drei waren mir wichtig. Onkel hatte für uns Geschenke gebaut. Für Jürgen und Günter einen Schlitten, für mich eine Puppenstube mit drei Räumen: Küche, Wohnzimmer und Schlafzimmer – alle Räume durch kleine Türen verbunden und mit vollständiger Einrichtung. Alles, was wir nicht besaßen, hatte ich jetzt in meiner Puppenstube. Die Freude war groß.

Im folgenden Jahr holte Onkel sich die Puppenstube vor Weihnachten bei uns ab, mit den Worten: „Die Tochter eines Freundes möchte auch eine Puppenstube zu Weihnachten haben."

Der Freund wollte sich die Puppenstube mal ansehen, damit Onkel der Tochter eine ähnliche baute.

Und was geschah am Heiligabend? Meine Puppenstube kam zurück zu mir – als Puppenhaus: Vom Wohnzimmer führte eine Treppe nach oben in das Musikzimmer mit Klavier und Balkon, dann rechts und links davon gab es Kinderzimmer mit Einbauschrank.

Ich war überwältigt. Und das Dach konnte man zuklappen – es war ein richtiges Haus.

An die Advents- und Weihnachtszeit in jenen Jahren erinnere ich mich gerne. Wir Kinder hatten das Gefühl, als wäre es eine besondere Zeit. In unserer Familie sprach man darüber, dass es eine friedliche Zeit sei und man sich nicht streiten, sondern liebevoll miteinander umgehen solle. An den Adventssonntagen sangen wir nachmittags bei Kerzenschein die bekannten Weihnachtslieder. Dazu gab es Kakao und Kekse, von meiner Mutter gebacken. Der Duft der Kerzen zwischen dem Tannengrün und die Kekse vermittelten einen besonderen Duft – sie machten unsere enge Behausung zu einem festlichen Haus – zu einer vorweihnachtlichen Stube.

Gingen wir in die Stadt, freuten wir uns über die Weihnachtsdekoration in den Läden. Besonders Spielzeug Schulz mit seinen großen Schaufenstern war ein beliebtes Ziel. Es sah paradiesisch aus, was da zu sehen war. Eine elektrische Eisenbahn, die durch eine Landschaft mit Bergen und Tälern fuhr. Kleine Puppen, große Puppen und Babypuppen gab es da. Autos, Lastwagen und Teddys – es gab viel zu entdecken. Die Dekoration fand erst am Sonnabend vor dem 1. Advent statt. Die Fenster wurden mit großen Tüchern zugehängt. Dahinter wurde dekoriert. Es war spannend. Am Sonntagvormittag eilten die Familien mit ihren Kindern in die Stadt, um die bunte Schau zu betrachten. An dem Schaufenster von Spielzeug Schulz hing eine Menschentraube. Die Eltern und größeren Kinder achteten darauf, dass jedes Kind einmal direkt vor den Auslagen stehen konnte, um alles zu bestaunen.

Der Tag des „Heiligen Abends" war besonders – eben ein heiliger Tag. Mein Bruder Jürgen und sein Freund Harry – schauten frühmorgens in den Himmel, um Schnee heran zu wünschen. Die Wolken wurden beobachtet: Es mussten Schneewolken sein, die sich versammelten, um dann später ganz bestimmt den ersehnten Schnee zu bringen.

Nach dem Mittagessen – es gab leichte Kost, meistens eine Gemüsesuppe – machte man sich fein für den Kirchgang um halb vier. Meine Oma ging mit uns in die Kirche, während meine Eltern das Wohnzimmer in ein Weihnachtszimmer verwandelten. Der Tannenbaum stand bereits seit dem frühen Morgen mit kleinen elektrischen Birnen geschmückt unter dem Wohnzimmerfenster. Die Lichterkette hatte mein Vater aus alten Teilen zusammengefügt. Mit so einer Dekoration wurde sonst kein Baum im Haus geschmückt – nur unserer!

Ich war aufgeregt während des Kirchgangs und der Predigt des Pastors in der Kirche. Unruhig rutschte ich auf der Kirchenbank hin und her. Meine Oma ermahnte mich, ruhig zu sitzen, mich zusammenzunehmen. In der Kirche saß man still; das war man dem lieben Gott schuldig. Gerne sang ich die Lieder „Macht hoch die Tür", „Tochter Zion", „Vom Himmel hoch", „Ihr Kinderlein, kommet", „O du fröhliche" und dann endlich „Stille Nacht"!

Der Pastor segnete uns und entließ uns endlich in den „Heiligen Abend". Die Glocken klangen laut und ein Posaunenchor spielte auf der Treppe der Petri-Kirche ein Potpourri der eben noch gesungenen Weihnachtslieder. Es war feierlich. Und es schwebten ganz leicht und ganz fein Schneeflocken vom Himmel herab. „Fröhliche Weihnachten!", riefen sich die Kirchgänger zu. Wir Kinder eilten nach Hause. Meine Oma ließ sich nicht aus der Ruhe bringen, wechselte noch da und dort feierliche Worte mit Passanten. Ich hüpfte durch die feinen Schneeflocken, die teilweise schon auf dem Gehweg liegen blieben! Meine Brüder und ich stürmten die Treppe hinauf und klingelten Sturm. Uns wurde geöffnet und wir fielen meinen Eltern mit „Fröhliche Weihnachten" in die Arme. In den ersten Jahren gab es immer Kartoffelsalat und Würstchen. Ein Festessen! Später wurde daraus die Weihnachtsgans oder die Weihnachtspute.

Und dann endlich die Bescherung! Der Weihnachtsbaum erstrahlte den ganzen Abend in seinem hellen Schein der kleinen Lämpchen. Unter dem Baum lagen die Geschenke. Meine Brüder und ich sagten unsere Weihnachtsgedichte auf. Wir sangen „O du fröhliche". Und endlich wurden die Geschenke verteilt.

Im ersten Jahr beschränkten sich die Gaben auf ein bis zwei Teile für jeden von uns: ein gestrickter Pullover, ein Buch, ein Auto, ein Fußball. Und natürlich ein Naschteller für jeden mit Weihnachtsgebäck, Nüssen, einem Apfel und einem Weihnachtsmann aus Schokolade. Wir waren dankbar und freuten uns. Von Jahr zu Jahr wurden die Geschenke üppiger. Wir sangen gemeinsam Weihnachtslieder; es gab noch einmal Kaffee und Gebäck. Und dazwischen ein Pfiff aus dem Hof und ein Ruf: „Jürgen, schau aus dem Fenster! Es schneit!" Das war Harry, der da rief! Und tatsächlich: Wir blickten aus dem geöffneten Fenster, es schneite leise, aber in großen Flocken! Der dunkle Hof, die Dächer und Bäume strahlten in feierlichem Weiß!

Am ersten Weihnachtstag schauten wir Kinder des Hauses gegenseitig unsere Geschenke an. Wir waren alle glücklich und zufrieden. Aber das Schönste war, dass es eine weiße Weihnacht war mit viel Schnee! Die Weihnachtsferien genossen wir mit Schlittenfahren im Hof und mit Schneeballschlachten, wenn es Neuschnee gab.

Und dann gab es ja auch noch Silvester in den Ferien. Bei uns mit in Fett gebackenen Berlinern mit Marmelade gefüllt. Ein Berliner mit Senf gefüllt war immer dabei. „Krumme Jungs" gab es auch. Die waren lecker. Und die „einheimischen" Kinder liefen „Rummelpott" von Tür zu Tür. Sie verkleideten sich und sangen „Rummel, rummel, Rutsche ..." und erhielten dafür Nüsse und Gebäck. Meine Eltern kannten den Brauch nicht. Deshalb durften wir Kinder nicht Rummelpott laufen.

Die Weihnachtsferien gingen fast immer etwas wehmütig zu Ende. Hatte man doch so viel schöne Tage miteinander verbracht. Jetzt lag ein langes, unbekanntes Jahr vor uns!

Eine Operation

Kurz nach der Einschulung ging meine Mutter mit mir eines Tages in die Diakonissenanstalt.

Ich sollte die Polypen herausoperiert bekommen. Ich weiß noch, erst nach langem Zählen wirkte die Betäubung und die kleine Operation begann. Nachdem der Eingriff vorüber war, wurde ich langsam wach und – halb betäubt – machte sich meine Mutter mit mir auf den Heimweg. Die meiste Strecke des Weges trug meine Mutter mich. Meine Beine versagten. Was war das für ein Weg, den meine Mutter mit mir bewältigte! Vom Krankenhaus die Duburger Straße, den Junkerholweg, die Neustadt – bis zur Apenrader Straße 17. Das habe ich nie vergessen!

Und was geschah, als ich mich endlich in unserer Wohnung befand, meine Mutter und ich mich von den Strapazen erholten? Es klingelte dreimal – das war das Klingeln für unsere Familie. Besuch kam. Luise trat in unsere kleine Wohnküche, mit einem in Packpapier eingewickelten Gegenstand. Ein Geschenk für mich. Ich wollte meinen Augen nicht trauen. Es war die Puppe mit dem Porzellankopf, den Gelenken an Armen und Beinen, dem echten Haar auf dem Kopf. Das war ein Geschenk für mich! Eine kaum zu fassende Freude für mich. Das war jetzt meine Puppe Hannelore! Wir waren alle sehr glücklich – Luise, meine Mutter, meine Oma und ich!

Meine Puppe Hannelore hatte echte blonde Haare. Sie waren leider etwas struppig durch die langen Jahre geworden. Deshalb gingen meine Mutter und ich in den Spielzugladen Schulz in der Norderstraße, um zu fragen, ob wir eine neue Perücke bekommen könnten. Man sagte uns, das ginge, wir müssten aber die Haare dazu selbst liefern. Also wurden meine Zöpfe abgeschnitten und meine Haare im Spielzugladen abgegeben. So erhielt meine Puppe Hannelore meine Haare als Perücke auf ihren Kopf. Die Puppe Hannelore sitzt noch heute in der Vitrine unseres Wohnzimmers – mit meiner Haarpracht, als ich sieben Jahre alt war. Ich ließ, als ich nach Viöl gezogen war, die Haare vom Puppendoktor in Husum aufarbeiten. Eigentlich hatte ich eine moderne Haarfrisur für die Puppe haben wollen. Als ich dem Puppendoktor erzählte, dass es meine Haare aus der Kinderzeit wären, die meine Puppe noch trug, machte er den Vorschlag, die Haare aufzuarbeiten – es würde viel besser zum Stil der Puppe passen. Er hatte recht.

Noch mehr Spiele

In den Sommermonaten spielten wir Mädchen mit den Puppen „Mutter und Kind" auf der Rasenseite des Hofes. Es wurden Decken ausgerollt, die Puppenkinder schlafen gelegt. Vorher wurde ein Schlaflied gesungen. Die Puppen wurden an- und ausgezogen. Manchmal plärrten sie auch. Das waren dann wir Puppenmütter, die so schön laut plärren konnten.

Die Jungen spielten in der Zeit „Cowboy und Indianer". Das konnte ich nicht an mir vorbeigehen lassen – so ein schönes Spiel. Da kam ich auf die Idee, ich wäre jetzt ein Vater und müsste zur Arbeit. Meine Puppe übergab ich meiner Freundin Isa und ich reihte mich in die Cowboy-Gruppe ein. Wir kämpften gegen die bösen Indianer.

Dass die Indianer immer böse sein sollten, gefiel mir nicht. Dass es anders war, hatte ich von Paul, dem Sohn von Onkel und Tante, der eine kleine „Bude" in einer Ecke des alten Bauernhauses bewohnte. Er hatte mir von den Indianern einiges erzählt. Bei Regenwetter zeigte ich mich öfter an seinem Fenster und er ließ mich dann in seine „Bude".

Er besaß viele Bücher, besonders über Indianer. Es waren nicht diese „Heftchen", die man am Kiosk kaufte, sondern richtige Bücher. Eine Indianer-Ausrüstung besaß er auch. Und eine richtige Indianerhaube aus Leder mit echten Federn. Die durfte ich manchmal aufsetzen. Da war ich ganz stolz. Er erzählte mir Wahrheiten über die Indianer. Dass man ihnen ihr Land nahm, viele tötete und sie ausbeutete. Ich hörte zu. Ich verstand nicht alles, aber ich spürte die Wahrheit dahinter.

Als ich dann die Indianerhaube mal zum Spielen im Hof ausleihen durfte, war ich der stolze Indianer. Meine Mitspieler staunten. Die Haube schenkte mir Paul, als ich älter war. Ich nahm sie gerne und hob sie lange auf. Später gab ich sie an meinen Sohn weiter.

Ein Auto wird gebaut! Und ein Haus!

Onkel baute sich ein Auto zusammen, aus alten Teilen – mit drei Rädern –, vorne befand sich ein Rad und hinten waren zwei Räder angebracht.

Als alle Teile an der richtigen Stelle saßen, bekam das Auto einen silbernen Anstrich. Sah das toll aus! Und ich durfte auf der Ladefläche sitzen. Möglichst in einer Ecke, damit ich mich festhalten konnte, um nicht während der Fahrt von einer Seite auf die andere Seite der Ladefläche zu rutschen. Onkel und ich fuhren zum Schrottplatz, um Steine zu suchen. Auch einige Hausruinen klapperten wir ab. Die besten Stücke nahmen wir mit. Es war ein Hausbau angesagt, der in Onkels Garten am Lachsbach entstehen sollte. Das war eine spannende Zeit, so ein Häuschen entstehen zu sehen. Es dauerte recht lange, bis es fertiggestellt war. Ich erhielt einen Raum auf dem Dachboden des Hauses. Von außen kletterte ich mit einer Leiter in die Bodenluke, schob mich auf der Holzfläche nach vorn und schaute aus dem Bodenfenster hinaus in den Garten. Es war toll, für mich ein herrlicher Ausblick in den Garten.

Mehr Platz zum Wohnen

Unser Wohnumfeld änderte sich im Laufe der Jahre. Die beiden Zimmer, die zur Straße hinausgingen, wurden frei. Der Mieter, der mich beim Versteckspiel mit meinen Brüdern auf den großen Schrank im Flur hob, wo ich schwer zu finden war, der immer zu Späßen aufgelegt war und dem die vielen schönen Bücher im Wandregal seines Zimmers gehörten, zog aus. Auch seine Sekretärin ging in ihre Heimat zurück. Kurzfristig waren die Zimmer vom Sohn unserer Vermieterin bewohnt. Unsere Vermieterin wurde kränklich. Nun pflegte meine Mutter sie – und zwar solange, bis sie in einem Pflegeheim besser aufgehoben war.

Ungerne erinnere ich mich an einen Besuch im Pflegeheim. Ich empfand es als sehr unangenehm, sehen zu müssen, wie unsere Vermieterin hilflos in ihrem Bett lag, sich das Zimmer mit drei weiteren Personen teilte. Ich fragte meine Mutter, ob wir sie nicht lieber wieder zu uns holen sollten, denn hier im Heim war sie sehr krank geworden. Das war doch nicht gut für sie. Ich wollte nicht begreifen, dass wir sie so hilflos zurücklassen mussten. So kam es, dass wir im Laufe der Zeit weitere Zimmer und sogar die ganze Wohnung mieten konnten.

Eine neue Schule

Mit zehn Jahren machte ich die Aufnahmeprüfung an der Mädchen-Mittelschule im Südergraben in Flensburg. Die Klassenlehrerin wollte meinem Vater nur ungern die Empfehlung zur weiterführenden Schule für mich geben. Aber mein Vater entschied sich trotzdem dafür. In der Zeit der Aufnahme-Prüfung fühlte ich mich richtig gut. Nie war ich im Unterricht in den zurückliegenden Jahren so oft an die Reihe gekommen. Hier hatte ich etwas zu sagen. Ich bestand die Prüfung.

Mein Bruder besuchte bereits die Hebbelschule – eine Mittelschule für Jungen. Mein Bruder Günter fuhr damals bereits zur See. Nach einer Schlosserlehre heuerte er sofort auf einem Schiff an, machte Fahrten um die ganze Welt. Er muss achtzehn Jahre alt gewesen sein. Ich erinnere mich, welche traurige Zeit damals für meine Mutter begann. Sie konnte die Trennung von ihrem Ältesten kaum ertragen. Sie wurde richtig krank vor Sehnsucht. Am schlimmsten war die Weihnachtszeit. Da versammelte sich die ganze Familie um den Volksempfänger in der Küche und hörte den Grüßen, die über die Meere gesandt wurden, zu. Wenn Günter nach Hause kam, waren die Tage wie ein Fest. Er hatte viel zu erzählen und brachte immer etwas mit. Ich erhielt einmal einen Zeisig aus Afrika, den nannte ich Nicki. Das war schön. Seine Berichte über die fremden Länder faszinierten mich. Damals entstand bei mir der Wunsch, auch etwas von der Welt zu sehen. In der Jugend-Bücherei Sophiesminde holte ich mir Reiseberichte verschiedener Länder. Als Günter dann später zur Schiffs-Ingenieurschule in Flensburg ging, übte ich mit ihm

Englisch. In der Volksschule, die Günter besucht hatte, gab es damals keinen Englischunterricht. Ich liebte den Englischunterricht – es war für mich gut, dass ich ihm half. Es machte mir Spaß.

Mein Freund Jakob

Mit zwölf Jahren erlebte ich einen Frühling mit einer jungen Dohle. Ich nannte sie Jakob. Sie war mir beim Schularbeitenmachen zugeflogen. Ich legte damals oft mein Heft bei geöffnetem Fenster in die Fensterbank und schaute während des Schreibens hin und wieder auf die Straße. Plötzlich saß die Dohle am anderen Ende des breiten Fensters. Sie legte den kleinen Kopf schräg und näherte sich mir, pickte nach meinem Bleistift; ich überließ ihr den Stift und sie rollte ihn mit dem Schnabel hin und her. „Wo kommst du denn her? Willst du schreiben lernen? Du siehst hübsch aus!" Es dauerte nicht lange, da flog sie davon. Am nächsten Tag war sie wieder da. Ich saß am geöffneten Fenster und das Spiel lief ab wie am Tag zuvor. „Ich nenne dich Jakob", sagte ich leise zu ihr. „Jakob, Jakob! Du gefällst mir!"

Als ich am folgenden Tag aus der Schule kam, flog sie im Vorgarten des Hauses herum und setzte sich, als ich näherkam, dicht neben mich auf den Zaun. Ich freute mich: „Hallo Jakob, da bist du ja!" Und wieder rollte sie später, als ich am Fenster saß, meinen Bleistift hin und her. Ich konnte es fast nicht glauben, dass Jakob so zutraulich war. Es war so niedlich, wenn er seinen kleinen Kopf schräg legte und mich von unten her ansah. Ich hatte ihn richtig lieb.

Es blieb nicht bei dem Fensterbesuch. Eines Tages – ich wollte in den Garten am Trollseeweg zu meinem Vater gehen – wartete sie vor unserem Haus auf mich und flog immer neben mir her, während ich die Straße entlangging. Sie flog ein Stück vor und wartete auf mich, um dann weiterzufliegen, wenn ich sie erreichte. Im Garten angekommen flog sie mir auch dort hinterher. „Na, da hast du aber einen richtigen Freund gefunden", sagte mein Vater lächelnd. So empfand ich das auch. Als ich mich auf den Rückweg machte, flog sie wieder neben oder vor mir. Ich sprach mit ihr und sagte ihr: „Du hast es gut, du kannst um die ganze Welt fliegen! Aber ich freue mich, dass du jetzt bei mir bist."

Das Schauspiel dauerte so ungefähr zwei Monate. Sie setzte sich sogar unaufgefordert auf meine Schulter, wenn ich den Weg zum Garten einschlug. „Nur Hexen haben einen Raben auf der Schulter!", bemerkte mein Bruder Jürgen. Das störte mich nicht. Erstens, Jakob war eine Dohle, und zweitens, ich war keine Hexe. Ich erzählte in der Schule von meinem Freund Jakob. Christa und Gisela besuchten mich extra deswegen, um Jakob zu sehen. Es war eine schöne Zeit. „Jakob, irgendwann fliegst du in die Welt hinaus!", sagte ich zu meiner Dohle. Und so war es. Eines Tages kam sie nicht mehr. Ich war traurig. Aber ich wusste, eines Tages würde sie davonfliegen. Sie flog in die weite Welt!

Freundinnen

Meine besten Freundinnen waren Lona und Inga. Lona wohnte im Haus Nr. 19 mit ihren Eltern und ihren Geschwistern in der Parterrewohnung. Ihre Großeltern lebten ebenfalls dort, in der Wohnung nebenan. Lonas Vater war Zahnarzt, hatte seine Praxis im Junkerholweg. Besuchte ich Lona, schaute ihr Vater, wenn er zu Hause war, nach meinen Zähnen. Er erinnerte mich, zu ihm in die Praxis zu kommen, da sich eine Behandlung ankündigte. Einmal geschah es, dass ich eine längere Zeit verstreichen ließ, bevor ich der Aufforderung, die Praxis aufzusuchen, nachkam. Plötzlich hatte ich heftige Zahnschmerzen, einen Dauerschmerz. Als ich in die Praxis kam, sagte Lonas Vater zu mir: „Ach, schau an, erst jetzt treibt dich Zahnschmerz hierher. Setz dich mal ins Wartezimmer, ich hab' viel zu tun." Er ließ mich länger mit meinem Schmerz ausharren. Das war seine Erziehungsmaßnahme. Sie wirkte. Nie wieder ließ ich längere Zeit verstreichen, wenn Lonas Vater einen Kontrollblick auf meine Zähne warf und mich aufforderte, in seine Praxis zu kommen.

Lonas Großeltern besaßen zwei Katzen – große, schnurrende Exemplare. Ihr Lieblingsplatz war für jede die breite Armlehne der beiden großen Sessel im Wohnzimmer. Man konnte sich zu ihnen in den Sessel setzten. Sie wichen nicht aus, sie schnurrten weiter.

In Lonas Familie waren die Erwachsenen starke Raucher. Deshalb gab es dort große Packungen mit kleinen runden Tabletten – um sich das Rauchen abzugewöhnen. Lona und ich nahmen auch einige davon, denn sie schmeckten schön süß. Als Erwachsene rauchten wir nicht. Hatte die Pille vorbeugende Wirkung?

Wir spielten mit unseren Puppen und balsamierten sie mit der Creme der Warenproben ein, die wir uns oft in der Drogerie holten. Es gab sie kostenlos. Sie dufteten angenehm. Während eines Spiels schaute Lonas junger Onkel zu uns ins Zimmer und fragte: „Gila, hast du nicht mal eine der duftenden Salben für mich?" Ich überlegte, welche der Creme ich ihm geben sollte. Gerne tat ich es nicht. Da fiel mir eine Creme ein, die ich nicht mochte, weil sie nicht so gut roch. „Ja, die hier kannst du haben!", sagte ich und gab sie ihm. „Was ist das denn, Gila?! Brustwarzensalbe! Hast du nichts Besseres für mich?" Hatte ich nicht!

Traf ich Lonas Onkel in späteren Jahren, musste ich mir oft anhören: „Na, Gila, hast du noch Brustwarzensalbe für mich?"

Obwohl wir weitaus beengter wohnten, kam Lona gerne zu uns, auch um bei uns zu übernachten. Wir erzählten uns dann bis in die Nacht hinein spannende Geschichten. Ich sollte zum Gegenbesuch zu Lona kommen. Dem Besuch verstand ich fast immer auszuweichen, denn ich schlief ungern woanders. Nachts fühlte ich mich nur zu Hause wohl.

Mein Bruder Jürgen und ich erzählten uns abends Geschichten. Am schönsten empfand ich es, wenn wir abends im Bett gemeinsam Lieder sangen – Volkslieder und Schlager.

Lona hatte Angst vor Polizisten – vor der Uniform. Ich konnte es nie begreifen, warum. Sie versteckte sich hinter mir – ich beschützte sie als Freundin –, sie war schließlich zwei Jahre jünger als ich. Zum Sommerfest der Gartenkolonie gingen unsere Familien gemeinsam. Da vertrat ich Lona bei den Spielen. Sie wollte nicht mitmachen – konnte dann ja auch nichts gewinnen. Sie stand dann neben mir und ich beteiligte mich am Spiel, wenn sie an der Reihe war. Einmal fiel es auf. Ich erklärte dann, warum ich das tat. Zum Glück hatte es kein Nachspiel für uns.

Wir verstanden uns gut. Nur wenn Lona Geburtstag hatte und ich mit anderen Freundinnen bei ihr eingeladen war, kam es zum Streit. Lona behandelte mich von oben herab, meinte ich.

Vielleicht war ich auch nur empfindlich? Zweimal verließ ich die Feier. Lonas Mutter kam dann zu uns und versuchte, mich zurückzuholen. Ungern ging ich mit zurück zur Feier. Am nächsten Tag war alles vergessen und wir spielten wieder zusammen.

Im Haus Nr. 19 wohnte eine Familie mit zwei Kindern. Der Vater tat viel für seine Kinder. Schon in den fünfziger Jahren lieh er sich Filme und zeigte sie seinen Kindern und auch uns aus dem Nebenhaus. Vom Berg des Hausgrundstückes – die Grundstücke grenzen an den Turnerberg – baute er eine Drahtseilbahn bis in den Hof hinunter. Das war für uns Kinder ein neues Erlebnis!

Dieser Vater starb ganz plötzlich. Seine Tochter, die eine wunderbare Singstimme besaß, sang zur Beerdigung in der Kirche: „So nimm denn meine Hände…". Wir Nachbarskinder waren traurig, nahmen alle an dem Gottesdienst teil.

Meine Freundin Isa wohnte in Nr. 17. In der ersten Etage, unter uns. Sie war drei Jahre älter als ich. Ihr Bruder Kurt war ein Jahr älter als ich. Isa litt unter Asthma, damals noch eine seltene Krankheit. Sie wurde später sogar in Hamburg behandelt, weil ihr Vater selbstständig war und die Kosten für die Behandlung tragen konnte. Im Winter holte mich Isa oft zum Spielen herunter. Ihre Familie bewohnte ihre Wohnung mit vier Personen. Sie hatten viel Platz. Das halbe Zimmer war zum Bad umgebaut worden. Das gefiel mir.

Kurt und Isa hatten viele Spielsachen – jeder hatte eine Spielecke im Zimmer. Isa und ich spielten mit Puppen. Kurt mit seiner Burg. Da kam es oft vor, dass ich zur Burg wechselte, mit Kurt zwischendurch weiterspielte. Ich verstand es fast immer, meinen Wechsel so zu gestalten, dass Isa nicht beleidigt war. Kam der Vater der beiden nach Hause, wurde unser Spiel bald beendet. Ihr Vater erlaubte das Spielen dann nicht länger. Er hatte eine unangenehme Ausstrahlung, wenn er zu uns ins Zimmer schaute, um zu sehen, was wir gerade spielten. Ich war dann froh, zu uns nach oben gehen zu können. Damals dachte ich:

Isa und Kurt haben zwar viele Spielsachen und viel mehr Platz zum Wohnen als meine Eltern, meine Brüder, meine Oma und ich. Aber in unserer Familie hatten wir eine andere, freiere Luft zum Atmen. Es war eine Wärme zwischen uns, die in der Familie unter uns nicht zu spüren war.

Mit fünfzehn Jahren begann Isa eine Ausbildung zur Schuhverkäuferin im Schuhhaus Tack. Da ich schon sehr früh eine Leidenschaft für schöne Schuhe entwickelte, achtete Isa an ihrem Arbeitsplatz darauf, wenn es Schuhe zum Sonderpreis gab. Die gab es zum Schlussverkauf. Ich durfte vor Beginn des Schlussverkaufs einen Blick auf die preislich herabgesetzten Schuhe werfen. So erstand ich oft sehr hübsche Exemplare besonders günstig. Meine Schulfreundinnen fragten: „Gila, woher hast du die schönen Schuhe?" Mein Geheimnis des günstigen Schuhkaufs gab ich nicht preis.

Isas Vater war ein Geschäftsmann. Er fuhr schon kurz nach dem Krieg große Autos.

Da Isa und ich befreundet waren, wurde ich öfter eingeladen, an ihrem Sonntagsausflug zum Strand nach Langballigau teilzunehmen. Ich fuhr nicht gerne mit. Die Atmosphäre war so fremd für mich. Der Vater hatte das Wort, die Mutter sprach wenig und wir Kinder noch weniger. Es war für mich fremd, dass eine Person so dominant war. Zum Glück unternahmen meine Eltern sonntags auch etwas mit uns. Ich hatte einen Grund, abzusagen.

In den Wintermonaten gingen Isa und ich oft ins Kino. Zuerst sonntags um vierzehn Uhr zur Kindervorstellung, später dann in die Abendvorstellungen. Da war immer „Schlange stehen" an der Kinokasse angesagt – es gab noch nicht viel Abwechslung in der Zeit. Aber es war gut so – wir kannten es nicht anders – und wenn man sich dort traf, gab's immer viel zu erzählen: einer hatte den Film schon gesehen – sah ihn zum zweiten Mal und informierte uns über die besten Szenen.

In den Sommermonaten spazierten Isa und ich abends oft zum Ostseebad. An der Brücke versammelte sich die Jugend, flanierte über die Brücke und stand in Gruppen zusammen.

Es fanden sich auch Jungen, die Gitarre spielten und dazu sangen. Wir stellten uns oft dazu und sangen die meist bekannten Lieder und Schlager mit. Da wuchs bei mir der Wunsch, auch Gitarre spielen zu können. Und ich hatte Glück. In unserer Schule gab es eine Gitarre, die an Schüler verliehen wurde. Unsere Kunstlehrerin fragte mich eines Tages, ob ich die Gitarre leihen möchte, unter der Bedingung, dass ich das Spielen erlernen wollte. Das Angebot nahm ich gerne an. Die ersten Griffe zeigte mir ein Gitarrenspieler am Strand Ostseebad. Bald war meine erste Tat, wenn ich nach dem Schulunterricht nach Hause kam, ein Spiel auf der Gitarre mit den einfachen Griffen und dazu sang ich – so entspannte ich mich vom Schulunterricht.

Unsere Tageszeitung las ich jetzt gründlich – besonders die Kleinanzeigen der gebrauchten Artikel. Ich hatte Glück. Es gab eine Gitarre zum Verkauf. Von meinem ersparten Geld von insgesamt fünfzig Mark kaufte ich mir eine gebrauchte schwarze Konzertgitarre.

Mit dem Unterricht hatte ich schon begonnen. Ich war glücklich, dass meine Eltern mir den Unterricht bezahlten. Der Lehrer kam ins Haus. Zu Beginn ging ich zum Unterricht zu ihm nach Hause. Da der Lehrer ein junger Familienvater war, störten uns während des Unterrichts seine beiden kleinen Kinder. So ergab es sich, dass der Unterricht bei uns stattfand.

Die gebrauchte schwarze Konzertgitarre hatte einige Mängel. Deshalb nutzte ich einige Zeit länger die von der Schule geliehene Wandergitarre. Meine Gitarre übergab ich einem Geigenbauer, der am Südermarkt seine Werkstatt hatte. Bei dem Geigenbauer tauchte ich fast jede Woche auf, um zu sehen, wie es mit der Reparatur voranschritt. Es dauerte seine Zeit, es musste ein neuer Steg angebaut werden. Die Besuche bei dem alten Herrn genoss ich, denn er erzählte mir viel vom Instrumentenbau, von Geigen und Gitarren. Fast jedes Mal spielte er mir ein besonders schönes Stück auf seiner Gitarre vor. Es war eine schöne Zeit. Ich glaube, die Unterbrechung der Reparaturarbeiten durch sein Gitarrenspiel genoss er. Genauso wie ich es genoss, ihm zuzuhören.

Fast wehmütig verabschiedete ich mich von ihm, als ich meine reparierte Gitarre in meinen Händen hielt. „Besuch mich mal wieder!" „Na klar, das mach ich!" Das waren unsere Abschiedsworte.

Ich hatte inzwischen Kontakt zu Jungs, die ich vom Ostseebad kannte. Wir trafen uns fast regelmäßig, um gemeinsam Gitarre zu spielen und dazu alte Schlager, Volkslieder, Blues und die neuesten Hits zu singen. Meistens trafen wir uns bei mir zu Hause. Wir waren inzwischen Mieter der ganzen Wohnung und hatten endlich mehr Platz. Da meine Eltern bis zum jungen Erwachsenenalter auch ein Instrument gespielt hatten, war es für sie selbstverständlich, Verständnis für unsere musikalischen Zusammenkünfte zu haben. Und mein Bruder Jürgen spielte Akkordeon. Manchmal auch mit uns, aber nicht so gerne. Akkordeon-Unterricht hatte ich auch nehmen müssen, mit elf Jahren. Ich mochte das Instrument nicht. Ich mochte den Klang nicht. Zum Glück bestellte der Musiklehrer schon bald meinen Vater zu sich und sagte ihm: „Die Kleine kann, wenn sie will, aber sie will nicht!" Es fiel mir ein großer Stein vom Herzen, als ich mit dem Unterricht aufhören durfte.

Bei unserem Treffen zum gemeinsamen Gitarrenspiel und Gesang fanden wir uns in einer Gruppe zusammen. Wir bildeten ein Quartett, waren zwei Jungs und zwei Mädchen. Zuerst spielten wir gemeinsam zu Familienfesten, später auch bei Betriebsfesten. Es machte viel Spaß – und wir konnten unser Taschengeld aufbessern. Das war zu der Zeit nicht so leicht möglich.

Meine Lieblingsfächer in der Schule waren Musik, Kunst und, im Deutschunterricht Aufsätze zu schreiben. Ich malte oft zu Hause Bilder und spielte Gitarre. Es machte mir Spaß, mich zu beschäftigen. Oft sagte ich ein Treffen mit Schulfreundinnen ab, weil ich etwas vorhatte, nämlich mich mit dem Malen und Musikmachen und -hören zu beschäftigen.

Noch mehr Freundinnen

Einige beste Freundinnen hatte ich in der Mittelschule auch. Das waren Ellen – wir kannten uns schon vom Kinderchor Sophiesminde, in dem wir sangen – und Reni, die auch im Norden Flensburgs wohnten. Wir hatten den gemeinsamen Schulweg, warteten aufeinander, um zur Schule zu gehen. Es gab immer viel zu erzählen oder wir fragten uns gegenseitig in einem Fach die mündliche Hausarbeit ab. Ich genoss den Schulweg, sogar im Regen, wenn ich mit der Straßenbahn fahren sollte. Oft stieg ich an der Toosbyüstraße aus, um zu Fuß weiter zu gehen. Der Geruch der nassen Regensachen in der Straßenbahn nahm mir den Atem.

Eine besondere Freundin wurde für mich Gisela. Wir hatten ein gemeinsames Schicksal. Wir wiederholten das erste Schuljahr auf der Mittelschule – freiwillig mit der Erlaubnis von Schule und Eltern. Ich hatte mich auf die Mittelschule gefreut. Die Prüfung war so gut gelaufen. Jetzt erlebte ich, dass ich plötzlich nichts mehr konnte. Sogar meine Zeichnungen im Fach Biologie wurden von der Lehrerin mit rotem Stift durchgestrichen, auch den Text dazu beanstandete sie. Im Kunstunterricht wurden meine Bilder gelobt. Im Englischunterricht kam ich nicht zu Wort. Zum Glück schaltete sich der Klassenlehrer zum Ende des Schuljahres ein. So konnten wir, Gisela, der es ähnlich erging -. und ich, auf der Mittelschule bleiben. Da hatte ich sogar eine Eins in Englisch. Deutsch und Kunst liefen sowieso gut. Oft wurden meine Aufsätze vorgelesen, weil sie so gut geraten waren. Mir war es im

Laufe der Zeit unangenehm, deswegen im Mittelpunkt zu stehen. Bemerkte ich doch, dass einige Mitschülerinnen einen anderen Geschmack hatten und es mir auch sagten. Die Situation gefiel mir nicht. Mir reichte es, die gute Note unter meiner Arbeit zu sehen. Mehr Aufmerksamkeit wollte ich nicht.

Gisela und ich wurden einige Jahre gemeinsam zu Klassensprecherinnen unserer Klasse gewählt. Das war ein noch recht neues Amt, das an den Schulen eingeführt wurde. Es war demokratisch – wir konnten unsere Mitschülerinnen vertreten und Vorschläge in den regelmäßig einberufenen Vertreterversammlungen einbringen. Unser Ansprechpartner war unser Vertrauenslehrer. Änderungen der Schulordnung wurden durch uns Klassensprecherinnen an die Klasse weitergegeben und wir mussten dafür sorgen, dass sie umgesetzt wurden. Gisela und ich nahmen dieses Amt ernst. Wir waren uns meistens sehr schnell einig, wie wir in der Klasse etwas regeln und umsetzen mussten. Wir beide sprachen über das Problem, fanden eine Lösung und traten gemeinsam vor die Klasse, um die Angelegenheit zu klären.

Wir waren gut befreundet, hatten teilweise einen gemeinsamen Schulweg und feierten auch unsere Geburtstage zusammen. Das war die Zeit mit Negerküssen, Bizet und Schlagsahne – dazu Kakao – süßer ging es nicht! Wir waren beide begeisterte Jahrmarkts-Genießer: immer am ersten Tag präsent, alles anschauen, Schlager hören und mitsingen. Später dann der erste Blick auf einen eventuellen Freund – mit gegenseitiger Beratung. Wir hatten viel Spaß! Ja, und seltene Briefmarken, die durch Günters Briefe aus aller Welt zu uns ins Haus flatterten, gab ich an Gisela weiter. Sie sammelte Briefmarken.

Im Kunstunterricht saßen wir nebeneinander. Ich hatte bei den uns gestellten Themen immer Ideen, die Aufgabe umzusetzen. Gisela schaute oft auf mein Blatt, um für sich Anregungen zu finden. Sie malte dann ähnliche Bilder. Unsere Kunstlehrerin fragte mich, ob mich das nicht störte. Es störte mich nicht. Ich empfand unsere Bilder als sehr unterschiedlich. Es kommt auf die Art der Ansicht an – in der Kunst. So empfinde ich es.

Was Gisela und mich noch verband war die Tatsache, dass Gisela einen etwas anderen Glauben hatte als ich. Das interessierte mich. Oft sprachen wir über die unterschiedlichen Zeremonien der Bekenntnisse. Wichtig war für uns beide, dass wir darüber redeten und uns so akzeptierten, wie wir waren. Es gab uns eine gewisse Sicherheit im Alltag.

Einen Schulchor gab es auch. Vor großen Festen wurde im Musikunterricht geprobt. Kurz vor unserem Chorauftritt kamen wir nachmittags noch mal in die Schule, um zu proben. Da war uns kein Weg zu weit – es machte einfach Spaß, zu singen.

Es gab auch ein Angebot unserer Schule, an der General-Probe des Sinfonieorchesters im Deutschen Haus teilzunehmen. Sie fand ab 13.00 Uhr statt, also ging, wer wollte, vom Unterricht gleich dort hin. Mir gefiel es. Hatte man doch sonst – schon aus Kostengründen – kaum Möglichkeit so etwas zu erleben.

Das Deutsche Haus war der Ort, wo unsere Schulfeste stattfanden und später für uns dann Tanzveranstaltungen angeboten wurden. Dort konnten wir die Fähigkeiten der in der Tanzschule erlernten Gesellschaftstänze zeigen und weiter üben. Dort traf sich die Jugend von Flensburg. Man lernte sich kennen.

Ein weiteres Haus für besondere Anlässe war die „Neue Harmonie". Dort waren die Karnevalsveranstaltungen am schönsten. Sich verkleiden und fröhlich feiern – in den 50ziger Jahren am Radio zu hören – bald im Fernsehen zuschauen und dann selbst sich verkleiden und feiern – das war doch was!

Konfirmation

Als ich vierzehn Jahre alt war, wurde ich konfirmiert. Kein herausragendes Fest, denn es ging mir seit einigen Wochen nicht gut. Ich hatte eine Erkältung verschleppt, hustete heftig – schon einige Wochen lang. Nach der Konfirmation hatte meine Mutter mit einer Bekannten, die bei der Stadt Flensburg beschäftigt war, für mich einen Erholungsurlaub auf der Insel Föhr organisiert. Ich war nicht begeistert, musste aber einsehen, dass Luftveränderung das Richtige für mich sein könnte. Und mit von der Partie war meine Schulfreundin Elli. Ein kleiner Trost.

Kurz vor Ostern machten wir uns auf den Weg nach Föhr, vom Flensburger Bahnhof mit dem Zug nach Dagebüll. Von dort dann weiter mit der Fähre nach Wyk auf Föhr in das Erholungsheim Marienhof. Von dieser Fahrt, der Ankunft, dem Verteilen auf die Zimmer, der Begrüßung durch die Erzieherinnen, die Tanten genannt werden wollten, habe ich keine klare Erinnerung. Wir mussten gleich nach der Ankunft viel an die frische Luft, durch die Dünen, am Strand entlanglaufen. Das Essen schmeckte mir nicht, ich bekam es kaum herunter. Als ich sagte, mir wäre schlecht, musste ich trotzdem mein Essen herunterwürgen. Das Essen kam prompt auf den Teller zurück. Plötzlich wurden die Tanten hastig, schleppten mich auf die Krankenstation. Und dann fällt mir kaum ein, was geschah. Mir war sehr heiß, ich lag allein in einem Krankenzimmer. Ständig wurden die Bettlaken gewechselt und ich in kalte, nasse Laken gewickelt. Ich hatte hohes Fieber. Erinnerungen an die Zeit habe ich ganz entfernt, so, als sähe ich mich in einem Film. Das Krankenzimmer hatte ein großes Fenster. Die Tante, die mich dort betreute, sprach mit leiser freundlicher Stimme. Ihr Gesicht war vernarbt. Irgendwann erzählte sie mir, dass es Narben waren, durch einen Autounfall verursacht. Auf der Krankenstation befand sich auch ein Junge, ungefähr neun Jahre alt. Er war während des Erholungsaufenthaltes krank geworden und konnte nicht mit seiner Gruppe nach Hause fahren. Er war noch zu schwach durch die überstandene Erkrankung. Er leistete mir hin und wieder Gesellschaft. Das war angenehm.

Am Ostertag sang die Gruppe, zu der ich gehörte, vor dem großen Fenster ein Lied für mich. Elli war auch dabei. Ich erfuhr später, dass sie meinen Eltern eine Osterkarte geschickt hatte, auf Wunsch der Tante unserer Gruppe. Ich schätze, dass ich drei Wochen auf der Station lag. Insgesamt dauerte die Kur sechs Wochen. Als ich wieder in dem Vierbettzimmer bei meiner Gruppe war, fühlte ich mich müde und kraftlos. Alle Spaziergänge auf den Wegen, am Strand, im Ort und durch die Dünen waren für mich anstrengend. Ich habe alles als unschön und belastend empfunden.

So, als stände ich neben mir, wäre gar nicht richtig da. Wieder zu Hause, brauchte ich einige Zeit, alles zu verarbeiten. Ich sprach nicht viel. Und dann waren auch noch Onkel und Tante fortgezogen, in die Mathildenstraße. Zu meiner Konfirmation waren sie noch als Gäste dabei. Diese schöne Zeit mit Onkel und Tante, mit Luise und Paul war vorüber.

Veränderungen

Mein Bruder Günter hatte geheiratet. Ingeborg, seine Frau, wohnte in der Nachbarschaft. Sie lernten sich kennen, verliebten und verlobten sich. Nach der Heirat bewohnten sie ein Zimmer bei uns – mit Blick auf die Straße. Günter fuhr zur See. Ingeborg und ich wurden Freundinnen. Bei unseren gemeinsamen Spaziergängen sprachen wir über Gott und die Welt. Ingeborg war Sprechstundenhilfe bei einem Zahnarzt in der Angelburger Straße. Eines Tages sagte sie zu mir: „Gila, bei uns im Hof der Arztpraxis gibt es einen Holzbildhauer. Du malst doch so gerne. Geh doch mal dort hin und frag, ob du seine Arbeiten mal ansehen darfst. Ich hab' deinen Besuch schon angemeldet." Das war doch mal was! Ich war neugierig und suchte den Meister schon bald auf. Etwas schüchtern, doch sehr interessiert betrachtete ich seine Werke. Es war kurz vor den Sommerferien. Der Meister bot mir an, in den Ferien bei ihm zu arbeiten. Die Skulpturen zu betrachten, zu befühlen – das war für mich ein besonderes Erlebnis. Die Figuren wurden erst in Ton als Modell erarbeitet, als Vorbild für die Umsetzung in Holz.

Meine erste Arbeit war eine längliche Holzschale aus Nussbaumholz. Es dauerte eine Weile, bis ich die Formgebung durch Schnitzen erarbeitete. Meine Hände gewöhnten sich daran. Ich strich über das Holz, um die Unebenheiten zu ertasten und dann durch vorsichtiges Ansetzten der Beitel die Form herzustellen. Es machte mir Spaß, diese Arbeit. Die Holzschale besitze ich noch immer.

Nach dem Schulabschluss der Mittleren Reife begann ich eine Ausbildung zur Holzbildhauerin. Meine Eltern waren nicht begeistert – sprachen von brotloser Kunst. Ich freute mich, als sie endlich zustimmten und ich den Lehrvertrag unterschrieben hatte. In meiner Freizeit hatte ich mich sehr oft in der Werkstatt aufgehalten, sprach mit dem Meister über die Ausbildung, den begleitenden Schulbesuch und, dass ich später dann vielleicht Architektin werden könnte. Mit dieser Berufswahl hatte ich mir einen Traum erfüllt.

Leider musste ich die Berufsschulklasse der Tischler und Zimmerleute besuchen. Geplant war ein Unterricht an der Meisterschule am Museumsberg. Das wurde nicht umgesetzt, denn ich war der einzige Lehrling. Bei den Tischlern war ich Außenseiterin. Ich fühlte mich unwohl in der Klasse. Der Klassenlehrer entwickelte einen speziellen Umgang mit mir: „Nun wollen wir doch mal hören, was unsere Künstlerin, Fräulein Herz, dazu sagt." Mit körperlichem Unwohlsein überstand ich diese Tortur. Diese Momente waren schrecklich.

Ich war damals schon einige Monate mit Heinz befreundet. Wir „gingen zusammen" – so nannte man das damals. Wir waren sehr verliebt, trafen uns oft. Heinz holte mich öfter von der Schule ab. Wenn ich mit meinem „Gitarren-Quartett" einen „Auftritt" hatte, kam er gerne mit und trug meine Gitarre. Die ersten Partys wurden gefeiert – mal bei uns, mal bei ihm, mal bei Freunden. Meine Berufswahl gefiel ihm nicht – auch er sprach öfter von brotloser Kunst. Seine Ausbildung als Einzelhandelskaufmann hatte er abgebrochen. Meine Eltern und auch ich waren erstaunt darüber. So etwas machte man doch nicht! Er fühlte sich wohl ohne Arbeit. Für mich unerklärlich. Mir machte gerade in meiner Werkstatt die Herstellung von Straßenschildern viel Freude. Sie wurden von der Gesellin und dem Meister geschnitzt.

Ich durfte helfen, zum Schluss die Werke mit Lasur zu streichen. Aufgestellt wurden sie im Stadtgebiet, meistens an Parkanlagen – auch am Ostseebadweg.

Auch an einer Wandmalerei in einer Gaststätte in Weiche war ich beteiligt. Das kleine Bild einer Landschaft in ein großes Wandgemälde umzuwandeln, ist nicht leicht. Es gehört Konzentration und Gefühl fürs Detail dazu. Für die Volkshochschule in Leck hatten wir Aufträge. Es waren Wand- und Deckenlampen aus Eichenholz geschnitzt und größere Hängelampen, die wir in der Werkstatt anfertigten. Mit der Gesellin fuhr ich in ihrem Kabinenroller nach Leck zum Einbau der Lampen. Unser Meister lieferte in seinem Opel-Kombi die Lampen an. Es war ein größerer Auftrag für uns. Ich bekam Rückenschmerzen von der ungewohnten Arbeit. Zu Beginn nahm ich es nicht ernst. Der Schmerz hielt an. Als ich endlich zum Orthopäden ging, eröffnete dieser mir, ich müsste ein Gipskorsett tragen, um den Rücken zu entlasten. Also wurde ich einige Wochen in ein Korsett gepfercht. Froh war ich, als es endlich nach sechs Wochen entfernt wurde. Es dauerte nicht lange, da war der Schmerz wieder da. Jetzt legte man mir nahe, den Beruf zu wechseln. Ich tat es mit Bedauern. Hatte ich mir doch alles so schön vorgestellt mit meiner Berufswahl. Heinz fand meinen Entschluss gut und er und seine Mutter meinten, ich könnte doch irgendwo im Haushalt bei einer Familie in Flensburg arbeiten. Ich brauchte doch keine Ausbildung. Wir würden doch irgendwann heiraten.

Neue - ganz andere Perspektiven

Plötzlich stand Isas Vater bei uns vor der Tür und sagte: „Gila, ich habe gehört, dass du eine Lehrstelle suchst. Du kannst sofort bei mir im Büro anfangen. Das Ausbildungsjahr hat bereits begonnen, aber das regle ich alles. Du musst dich nur schnell entscheiden!"

Ich entschied mich sofort, unterschrieb nach einigen Tagen den Lehrvertrag zur Ausbildung „Kaufmann/frau im Großhandel Import/Export" und begann die Lehre im Büro in der Nähe des Schlachthofs bei einem Prokuristen, einem Angestellten und Isas Vater als Chef. Ich war froh, dass ich sofort Arbeit fand. Die Ausbildung gefiel mir; es war interessanter, als ich gedacht hatte, und mit Isas Vater kam ich gut zurecht. Mein Weg zur Arbeit dauerte zehn Minuten – das war ein Vorteil.

Ich lernte im Herbst den Husumer Viehmarkt kennen – den größten seiner Art im Norden. Schon vor fünf Uhr am frühen Morgen fuhr mein Chef mit mir nach Husum. Mir wurden Gummistiefel und ein großer weißer Kittel verpasst. So ging ich mit meinem Chef durch die Reihen des Viehauftriebs und beobachtete die Viehhändler beim Anpreisen ihrer Waren. Mit einem geübten Griff wurde die Kuh geprüft, mit Handschlag wurde der Kauf besiegelt. Später saß ich mit dem Sohn des Händlers in einer der zahlreichen Kneipen, die am Marktplatz lagen, um zu frühstücken und danach die Rechnung der ausgehandelten Tiere zu erstellen. Gezahlt wurde bar – da gingen große Geldbeträge über die Tische. „Verrechnet euch nicht!", wurden wir öfter ermahnt. Die Händler saßen mit ihren Kunden, nachdem sie sich mit einer kräftigen Mahlzeit gestärkt hatten, in gemütlicher Runde zusammen – bis zum späten Nachmittag.

Da wir auch in Dänemark Lieferanten hatten, nahm mich mein Chef zum Viehmarkt nach Apenrade mit. Der Markt fand in einer großen Halle statt. Hier wurde die Zahlung nach Lieferung mit dem Schiff nach Flensburg, also später vorgenommen. Es fand eine Zollabfertigung statt, damit dokumentiert wurde, wie viel und mit welchem Wert ein Export/Import von Dänemark nach Deutschland stattfand.

Nach dem Einkauf saßen wir mit unseren dänischen Lieferanten in einem gemütlichen Gasthof zusammen. Jeder der dänischen Lieferanten gab ein spezielles Essen für alle, die am Tisch saßen, aus. Es wurde viel erzählt – dänisch, deutsch und danske Platt. Einige waren schwer zu verstehen. Trotzdem war die Stimmung gut. Die Mentalität der Dänen gefiel mir. Sie gehen Fremden nicht aus dem Weg, sondern sie kommen ihnen entgegen, sind neugierig. Erst spät ging dieser Tag zu Ende, der früh begonnen hatte.

Europäische Union - was war das?

In der Berufsschule war damals unser Hauptthema die Entstehung der Europäischen Union. Ich war von dem Europäischen Gedanken begeistert. Der Zusammenschluss der einzelnen europäischen Staaten war für mich die Zukunft. Es würde Europa stark machen und die Bewohner durch das Öffnen der Grenzen näherbringen. In meinem Freundeskreis hatte ich in Unterhaltungen besonders von männlichen Personen oft einen heldenhaften Blick auf die doch sehr unrühmliche Vergangenheit Deutschlands erlebt. Es stieß mich ab. Ich wollte nach vorn blicken, diese neuen Ideen Europas erleben. Damals arbeitete man auch am Samstag. Meine Hauptaufgabe war an dem Tag, die Kalkulationsliste der geschlachteten Tiere zu erstellen. Zwischendurch las ich den Bundesanzeiger – eine neue Welt für mich, aber ich eignete mir dadurch Wissen an, um Zusammenhänge im Handel zu erkennen.

Über die Berufsschule gab man uns die Möglichkeit, an Kursen zur politischen Bildung teilzunehmen. Sie fanden am Wochenende in Rendsburg statt. Für mich ein wichtiges Angebot. Einige Male nahm ich mit einer Schulfreundin daran teil. Unter anderem war ein Thema: Die Werbung im dritten Reich. Wir erkannten, in welcher Form das Volk beeinflusst wurde. Durch Berichte, durch Schlager mit deutlichen Texten der Verschönerung von Hitlers Reich. Nur ein Beispiel: „… und ein kleines braunes Bärchen sitzt auf einem hohen Baum. Und die Welt ist wie ein Märchen, wie in einem schönen Traum. … wenn der

Herrgott will, dann ist ewig Frieden und ein Paradies wird uns dann beschieden ... und er blickt herab vom Himmelszelt auf seine, ach so schöne Welt ...!" Leider wurde das Angebot bald gestrichen – ein Fehler, meiner Meinung nach. Denn durch Information lernt man, politisch zu denken. So lernt man Demokratie zu leben – als Demokrat wird man ja schließlich nicht geboren.

Wir erlebten neue Freiheiten – wir begannen, regelmäßig nach Dänemark zum Einkaufen bei der Handelskette Rita zu fahren. Gegenüber unserem Haus Nr. 17 in der Apenrader Straße befand sich die Bushaltestelle, von der die Buslinie an die nur vier Kilometer entfernte dänische Grenze fuhr. Mit vollgepackten Einkaufstüten stiegen die Einkäufer nach der Rückkehr aus dem Bus. Es wurden besonders die Dänische Butter, Zucker, Mehl und Kekse gekauft. Bei uns war es bevorzugt der Zucker, der in Dänemark günstiger war. Meine Mutter kochte damit unsere Frucht-Säfte aus den Beeren unserer Schrebergärten, damit wir gut durch den Winter kamen.

Bei ersten Verwandten-Besuchen von Freunden in Dänemark fiel mir auf, dass die Frau in Dänemark einen anderen Status hat als bei uns. Sie war damals schon gleichberechtigt. Es war selbstverständlich, dass eine Frau einen Beruf erlernte und ihn trotz Familie und Kinder auch ausübte. Es war eine echte Partnerschaft.
    Dabei fällt mir ein: Meine beiden Großmütter waren auch schon gleichberechtigter als die Generation danach. Sie sagten: Arbeit gehört zu jeder Lebensform einer Frau zum Alltag.
    Man muss doch schließlich leben. Wie sagte man? Ganz einfach: Von Nix kommt Nix!
    Es ist doch so: Wer Geld verdient, hat auch mehr zu sagen!

Trauer

An einem Samstag im Oktober 1959 bereiteten mein Bruder Günter und seine Frau Ingeborg und Heinz und ich uns vor, gemeinsam zum Tanzen ins Wiener Café zu gehen. Wir standen schon bereit, um zu gehen – nur auf Ingeborg warteten wir noch. „Ich schau' mal, wo sie bleibt", sagte mein Bruder und öffnete die Tür zu ihrem Zimmer. „O Gott!" Es war ein verzweifelter Ausruf. Heinz und ich stürzten ins Zimmer. Da lag Ingeborg auf dem Boden vor der Couch. Tot!

Ich wurde ganz steif vor Schreck. Beugte mich dann aber doch über sie. Wir hatten uns nicht geirrt – Ingeborg lag leblos auf dem Boden. Ich wollte schreien, bekam aber keinen Ton heraus. Ich war völlig erstarrt.

Meine Eltern traten ins Zimmer – fassungslos. Diese Situation zu beschreiben, ist eigentlich nicht möglich.

Die Vorgeschichte dazu: Ingeborg bekam seit ihrem vierzehnten Lebensjahr epileptische Anfälle. Wir, unsere Familie, kannten diese Krankheit nicht. Erst im Laufe der Zeit, als mein Bruder mit seiner Frau bei uns wohnte, begriffen wir, was für eine schreckliche Krankheit es war. Wir lernten, damit umzugehen. Als ich das erste Mal einen Anfall mit Ingeborg erlebte, war ich todtraurig. Ich hielt sie fest, wollte ihr Trost geben, weil sie Angstzustände bekam. Ganz fest umarmte ich sie, bis ich merkte, wie sie sich verkrampfte und ich sie loslassen musste, um nicht von ihr im Krampf festgehalten zu werden. Ich war so traurig, dass ich ihr nicht helfen konnte.

Mit der Zeit wussten wir, wenn sich ein Anfall anbahnte. Sie wurde unruhig und fahrig. Wir versuchten, sie dazu zu bringen, dass sie sich in ihrem Zimmer auf die Couch setzte oder legte, damit sie nicht stürzte und sich zusätzlich verletzte. Für mich war meine Hilflosigkeit schmerzhaft. Ich hätte ihr so gerne geholfen.

Ingeborg tat sehr viel, um ihre Krankheit loszuwerden. Sie erkundigte sich beim Hausarzt nach neuen Erkenntnissen darüber. Sie fuhr einige Male nach Belgien. Dort gab es eine neue Behandlungsmethode. Auch nach Kiel und Hamburg fuhr sie. Manchmal gab es den Anschein, dass es besser wurde. Es war alles vergeblich. Es hieß, sie könne nicht alt werden. Sie war achtundzwanzig Jahre alt, als sie starb.

Es war eine stille Zeit für uns alle in den nachfolgenden Wochen. Ich hatte oft das Gefühl, alles wäre nicht wahr. Wer Trauer kennt, weiß, wie man sich vom eigenen Ich entfernt. Ich verlor eine Freundin. Unsere Gespräche über Gott und die Welt gab es nicht mehr.

Freizeit mit Freunden ... und ganz intim ... und dann das ...!

Heinz und ich erlebten während unserer Freizeit im Jahr 1960 einen heißen Sommer. An den Wochenenden fuhren wir einige Male mit einem geliehenen Mofa zur Holnis Spitze. Ich klemmte mich auf den Rücksitz und dann ging die Post ab. Wir holperten über die Nordstraße Richtung Holnis. Dort trafen wir einige bekannte Freunde und Pärchen in unserem Alter. Holnis-Spitze war damals ein beliebter Ort – etwas abgelegen, mit einem steinigen Sandstrand, einer Abbruchkante und herrlich blauem Ostseewasser. Es war eine schöne Zeit.

Ich hatte den Schritt zur Änderung meiner Berufswahl gewagt. Meine Familie, Freunde und Bekannten, sie gaben mir das Gefühl, etwas „normaler" geworden zu sein – ich wollte keine Künstlerin mehr werden. Die unterschwelligen Hänseleien mit „Brotlose Kunst, will etwas Besonderes sein", gingen vorüber.

Und dann war ich plötzlich schwanger. Es war passiert. Wenn Heinz und ich uns noch vor einigen Wochen ausmalten, wie es wäre, verheiratet zu sein und Kinder zu haben, erschien uns diese neue Situation fast unmöglich. „Sieh zu, dass du das Kind loswirst!" Das waren Heinz erste Worte. Das tat weh! Ich versuchte, es unter anderem mit heißen Bädern, mit Sprung von einem Stuhl und bei einem Gespräch mit einer befreundeten Krankenschwester. Alles ohne Erfolg. Die Zeit verstrich. Ein Schwangerschaftsabbruch im Jahr 1960 ein gefährliches und strafbares Unterfangen. Ich fühlte mich alleingelassen. Ist ja logisch – das

Kind wuchs in mir. Für Heinz war es ein Unfall, der ihn weiter nicht berührte. Für mich war es ein Teil von mir, der in mir ruhte, wuchs und ins Leben wollte. Mir war klar: Es ist allein mein Ding. Ich begann, mit meinem Kind zu reden.

... und es geht weiter

Zur Berufsschule ging ich im Jahr 1960 bis Anfang Dezember. Ich hatte einen Vortrag über die EU auszuarbeiten und vorzutragen. Das war ein guter Abgang für mich. „Sie sind von dem Gedanken der EU ja richtig begeistert!", stellte der Lehrer fest.

Ich trug ein dunkelrot-schwarz kariertes, weites Oberteil, damit man mein kleines Bäuchlein nicht sah.

Kein Mitschüler bemerkte, dass ich schwanger war. Wegen einer vorgeschobenen Erkrankung meldete ich mich noch im Dezember vom Schulbesuch ab.

Heinz Vater, der in zweiter Ehe kleine Kinder mit seiner jungen Ehefrau hatte, lud uns zum Kaffee in seinem neuen Heim ein. Er wollte uns bei der Wohnungssuche helfen. Der Besuch ging an mir vorbei, als wäre ich nicht anwesend. Ein komisches Gefühl.

Weihnachten verlobten wir uns.

Allein

… das war ich und so fühlte ich mich. Meine Eltern nahmen alles sehr gefasst auf. Was halfen da noch Vorwürfe! Meine Oma sagte: „Dass ich das noch erleben muss! Ich ahnte, dass die Freundschaft nicht echt ist!"

Heinz besuchte mich immer seltener. Muss ich die Traurigkeit beschreiben, die ich empfand? Ich glaube, nicht. Muss ich erzählen, dass ich oft heimlich weinte? Nein!

Es war die dunkle Jahreszeit. Wintertage, die kaum einen Sonnenstrahl zuließen. Frühmorgens ging ich ins Büro. Durch die Arbeit war ich abgelenkt. Mein Chef nahm meinen Zustand gelassen: „Mach deine Ausbildung weiter, du weißt nicht, ob du deinen Beruf nicht doch ständig brauchst. Dein Partner ist nicht so ein Mann, auf den man sich verlassen kann."

Er sprach aus, was ich im tiefsten Inneren spürte – eigentlich schon eine ganze Weile, aber ich wollte es nicht wahrhaben. Seine Lässigkeit, sein äußerlich nachlässiges Erscheinungsbild, das er besonders sonntags zeigte, indem er ohne Krawatte oder Schlips erschien, störte mich plötzlich. Das war bei Beginn unserer Freundschaft nicht so gewesen. Damals machte man sich sonntags noch fein. Dass Heinz so lässig erschien, gefiel mir damals.

Ende Januar im Jahr 1961 war Heinz Geburtstag. Ab diesem Tag erschien er nicht mehr. Auch meinen Geburtstag im Februar „vergaß" er.

Ich sammelte Kleidung und Spielzeug für meinen Sohn. Ich war früh überzeugt, dass es ein Junge wird. Ich las viel. Mein Vater bestellte beim Lesering ein Buch über die Entwicklung eines Kindes – um mir zu helfen – mit praktischen Tipps.

Eine Schulkameradin der Berufsschule sprach ich an, mir Unterlagen aus dem Unterricht zu bringen, damit ich zu Hause lernen konnte. Sie kam nicht. Ich hatte meine Schulbücher. Zum Glück. Ich las regelmäßig darin. Es lenkte mich ab.

Der 23. Februar war der Stichtag – der voraussichtliche Geburtstag meines Sohnes. Ich sollte im Krankenhaus erscheinen. Mit großer Tasche und per Taxi machte ich mich auf den Weg in die Diako. Einige Hausbewohner winkten und wünschten mir alles Gute.

In der Diako wurde ich untersucht. Danach eröffnete man mir, es würde noch etwas dauern mit der Entbindung. Meine Tasche könne ich auf der Station zurücklassen und in einer Woche sollte ich mich wieder vorstellen.

Ich machte mich auf den Heimweg. Dorotheenstraße hoch, dann rechts ab in die Flurstraße. Dort wohnte jetzt Lona mit ihrer Familie und ihr Vater hatte dort seine Zahnarztpraxis.

Mein spontaner Gedanke: „Geh rauf und sag Guten Tag. Lonas Mutter ist sicher zu Hause."

Und so war es. Ich klingelte, wurde freundlich begrüßt. Wir freuten uns, mal wieder miteinander reden zu können.

Gegen vierzehn Uhr machte ich mich auf den Heimweg. Die Bewohner der Apenrader Straße Nummer 17 staunten, dass ich so schnell wieder zurück war.

Noch dreimal suchte ich das Krankenhaus auf, hatte jedes Mal einige Gramm zugenommen – wurde wieder nach Hause geschickt.

Am 20. März, zum Geburtstag meiner Mutter, spielte ich Gitarre und sang dazu. Mit dem Babybauch nicht einfach. Dann überkam mich der große „Aufräumtick". „Jetzt geht es bald los", sagte meine Mutter. So war es. Ich räumte bis in die Nacht hinein.

Am Morgen des 21.03.1961 spazierte ich wieder in die Diakonie, auf die Entbindungsstation.

Ich hatte nicht mehr zugenommen. Die Entbindung wurde eingeleitet.

Nach Verabreichung von Mitteln zur Unterstützung der Wehen und nachdem ich etliche Male die Treppen rauf und runter lief, durfte ich endlich auf der Station bleiben.

Gegen 22 Uhr wurde Frank geboren. Ich war glücklich. „Herzlich Willkommen, mein Sohn! Ich liebe dich! Wir schaffen es, zu leben!"

Noch kurz vor der Entbindung fragte mich eine Diakonisse, ob ich das Kind zur Adoption freigeben möchte. Nein, das wollte ich nicht. Sie erwähnte, wie schwer es für mich werden würde, allein zu erziehen, es wäre eine große Belastung für mich.

Darüber war ich mir im Klaren. Jetzt war ich glücklich, meinen Sohn in den Armen halten zu dürfen. Ich war stolz, seine Mutter zu sein.

Heinz besuchte uns nicht im Krankenhaus. Ja, was spürte ich da? Eine unendliche Leere.

Ich war glücklich, wenn Frank mir von der Schwester in die Arme gelegt wurde. Insgesamt war ich immer sehr erschöpft, schlief sehr viel.

Meine Zimmernachbarin, die schon etwas älter war als ich, hatte ein ähnliches Schicksal.

Auch sie wurde vom Vater ihres Kindes nicht besucht. Das gab mir etwas Trost, nicht allein in so einer traurigen Lage zu sein. Wir jammerten nicht, sondern es schien uns gegenseitig Kraft zu geben.

Da wir scheinbar einen stabilen Eindruck auf das Krankenhauspersonal machten, legte man uns eine Mutter, die ein Einzelzimmer belegte, zu uns ins Zimmer. Sie hatte ihre Zwillinge tot geboren. Natürlich fragte man uns, ob wir damit einverstanden wären. Das waren wir. Wir konnten ihr nach einigen Stunden sogar Mut machen. Sie nahm an unserem Schicksal teil. Das brachte sie auf andere Gedanken. Fürsorglich wurde sie von ihrem Mann behandelt, jeden Tag besucht. Das Ehepaar lud mich ein, sie zu besuchen. Sie lebten in sichtlich besseren Verhältnissen. Ich bin der Einladung nie nachgekommen.

Trotz der verletzenden Behandlung, die ich erfuhr, dauerte es noch einige Zeit, bis ich begriff, dass Heinz sich nicht um seinen Sohn kümmern würde. Ich hoffte von Zeit zu Zeit, dass wir doch noch eine Familie werden könnten. Es machte mich traurig, dass es nicht so war.

Als ich mit Frank nach Hause kam, sagte ich mir nach einigen Tagen endlich: „Es geht auch allein. Wir sind zu zweit und wir werden stark" – da ging es mir besser. Ich nahm es als gegeben hin. Mein Selbstbewusstsein kehrte zurück. Meine Eltern freuten sich über ihren Enkel. Das tat mir gut.

Im Ausbildungsbetrieb hatte der Lehrer angerufen und gesagt: „Wenn Fräulein Herz nicht bis zum 15. April in der Schule zum Unterricht erscheint, müssen wir sie leider zurückversetzen."

Also machte ich mich auf den Schulweg. Schwitzend die Treppen zur Schule hoch, im Unterricht mich ausruhend, dann auf den Heimweg gemacht, meinen Sohn versorgt und mit ihm geschmust. Todmüde, aber glücklich schlief ich ein.

Meine Ausbildung schloss ich nach der vorgegebenen Zeit mit „gut" ab. Als ich vom Jugendamt aufgefordert wurde, dort zu erscheinen, um die uneheliche Geburt zu dokumentieren, und man mir sagte, der Vater des Kindes hätte schriftlich niedergelegt, dass eine Heirat beabsichtigt ist, sagte ich: „Nein, von meiner Seite nicht mehr." Dieses „Nein" wurde mir übel genommen. Damit hatte ich den „Schwarzen Peter", ich war die Mutter, die Frau, die an allem „schuld" war.

Heinz besuchte uns einige Male. Er war aber nicht fähig, ein Verhältnis zu seinem Sohn aufzubauen. Er kümmerte sich nicht um seinen Sohn. Er zahlte selten Unterhalt.

Mein Chef hatte recht: „Dein Partner ist kein Mann, auf den man sich verlassen kann." Und da ich immer berufstätig war, waren wir beide versorgt. Natürlich mit Unterstützung meiner Eltern in Form von Pflege, Liebe und Fürsorge für ihren Enkelsohn.

Was mir oft wehtat, waren junge Familien – Vater, Mutter und Kind –, wenn ich ihnen am Sonntag bei einem Spaziergang begegnete. Es war ein tiefer Schmerz.

Als Frank 13 Jahre alt war, lud sein Vater ihn nach München ein, ihn zu besuchen. Frank freute sich sehr. Leider lief der Aufenthalt so ab: Heinz hatte gerade keine Zeit, als er bei ihm war. Er drückte ihm Geld in die Hand und sagte: „Sieh dir München an, ich habe gerade eine wichtige geschäftliche Aufgabe."

Als Frank 14 Jahre alt war, kam Heinz nach Flensburg und übergab ihm einen größeren Geldbetrag. Frank machte mit seinen Freunden eine Tour nach Hamburg ins Rotlichtmilieu. Da ging das Geld hin. Dem Jugendamt kam das zu Ohren, mir wurde es von dort erzählt. Das war eine ganz verantwortungslose Geste des Vaters und natürlich verantwortungslos vom Sohn. Ich denke, mir wollte man damit Ärger machen.

Frank rutschte in die Szene von Flensburg ab. Nur die Freunde zählten. Ich habe in der Zeit sehr gelitten. Ich allein fühlte mich verantwortlich.

Mein Sohn starb 2018, mit 57 Jahren. Mein Sohn hatte ein ausgefülltes Leben, so wie er es haben wollte: mit vielen Freunden, vielen ausgiebigen Festen, Feiern und Reisen. Seine Tür stand immer für seine Freunde offen. Er erlente das Tischlerhandwerk und eröffnete einen Betrieb. Auch sein Abitur holte er erfolgreich nach.

Natürlich hätte ich gerne ein anderes Leben für meinen Sohn gehabt. Er hatte einige Chancen, die er nicht nutzte. Auffällig war sein Sinn für Gerechtigkeit. So lebte er sein Leben, war auf seine Art glücklich.

Denn ob du glücklich bist oder nicht, das weiß nur jeder selbst – ganz allein für sich.

Alleinerziehend zu sein, ist eine besondere Aufgabe. Zu der Erkenntnis – mit Stolz behaftet – kam ich erst in späteren Jahren.

Zu Beginn der Situation fühlte ich mich minderwertig. Das Umfeld trägt sehr viel dazu bei, sich so zu fühlen. Da kommen dann Reden wie: „Was willst du denn noch? Dein Leben ist doch verpfuscht!" Man trifft nicht nur die Mutter mit solchen Aussagen, sondern besonders das Kind. Es wird diskriminiert – und mit welchem Recht? Ein Kind wird in seine Situation hineingeboren. Die Gesellschaft reagiert sich an diesen Menschen ab – so, als wären sie selbst bessere Bürger! Jedes Kind, das geboren wird, hat ein Recht auf liebevolle, gleichberechtigte Behandlung. Aber davon sind wir in unserer Gesellschaft weit entfernt. Das ist kein Wunder, denn die Religionen schreiben es uns vor.

Gerade in diesen Kreisen wird Ungerechtigkeit gelebt. Das ist ja so gut, erhaben zu sein! Ich glaube, Gott nimmt uns als seine Kinder an, so wie wir sind. Mit der Geburt Jesu ist es belegt.

Insgesamt, wenn ich auf die Zeit zurückblicke, bin ich gestärkt daraus hervorgegangen. Durch meine Arbeit hatte ich meine Bestätigung. Der Musik, dem Malen sagte ich „Ade".

Ich gab meiner „künstlerischen Ader" die Schuld an meiner Empfindlichkeit. Also mied ich alles, was damit zusammenhing. Ich freute mich über meinen Sohn. Wir gingen oft am Strand und im Ostseebadwald spazieren. Das tat uns beiden gut.

Im Laufe der Jahre begann ich auch wieder, zu malen und Gitarre zu spielen. Ich sang oft Blues-Lieder dazu, um meiner Seele etwas Gutes zu tun. Auch kleine Geschichten und Gedichte verfasste ich. Es tat mir gut.

Mein Wunsch viel zu Reisen, fremde Länder und Leute kennenzulernen, konnte ich erleben.

Opa machte mit – auch er ist neugierig auf Unbekanntes. Im Rentenalter hatten wir Zeit nach Dänemark, Norwegen, Chile, Polen zu reisen. Österreich, Italien und Spanien lernten wir schon während unserer Berufstätigkeit mit der Familie kennen.

Reisen ist eine Bereicherung des Lebens. Was mir immer wichtig war: Wir lernten über die Schule und über einen Schüleraustausch Familien in den Ländern kennen. Wir pflegen diese

Freundschaften. Besuchten uns gegenseitig. So bleibt man sich nahe und hat Verständnis füreinander.

Meinen Enkeln und allen Kindern dieser Welt möchte ich sagen: Stärkt eure guten Anlagen, die in euch stecken. Wagt es, euch zu bekennen. Denn jeder Mensch ist einzigartig, ist und kann etwas Besonderes. Die Vielfalt eines jeden Einzelnen ist eine Bereicherung der Welt. Seit offen zu Freunden und Fremden, lernt voneinander.

Und noch etwas: Seid wachsam und neugierig, bildet euch politisch. Schaut auf die Bürger des Staates, die während einer Pandemie und während eines drohenden Weltkrieges immer reicher werden. Ihr seid Zeugen dieser immer wiederkehrenden Entwicklung. Und ihr seid Zeugen der wachsenden Armut auf der ganzen Welt. Versucht zu reagieren – soweit es euch möglich ist. Wagt, euch einzumischen – dort, wo ihr gerade steht. Denn eine Veränderung zum Guten aller muss von unten kommen und von allen getragen werden.

Friedlich, mit Intelligenz und Nächstenliebe. Betreibt Friedensforschung. Überlegt, wie ein demokratischer Staat aussehen kann: Verteilung der Güter auf die gesamte Bevölkerung, das heißt, Systeme zu schaffen, die die Arbeit eines jeden gleich wertvoll machen. Das könnte der erste Schritt zu einer friedlichen Welt sein.

Noch einen meiner Gedanken möchte ich an euch weiter geben:
„Liebe deinen Nächsten – wie dich selbst." – Das ist ein Gebot, Wer sich selbst liebt, kann auch seinen Nächsten lieben.
Ich habe einen Traum: Im Dorf treffen sich junge Leute. Sie kommen zusammen, um sich über die Zukunft zu unterhalten – mit Respekt, Intelligenz und Nächstenliebe. Sie erkennen, dass unsere Systeme – ob in der Politik oder in den Religionen – nicht das bringen, was sie den Bürgern versprechen, nämlich: um ein Leben mit Vertrauen jetzt und in der Zukunft, in Glück und Wohlstand zu leben. Sie spüren, es muss sich etwas ändern.

Sie bilden kleine Gruppen, die sich im Ort, in der Stadt, im Land und in der ganzen Welt Gesprächspartner suchen, um mit ihnen zu diskutieren. Sie vernetzen sich weltweit. Die digitalen Möglichkeiten entwickeln sich zu einem Werkzeug, eine gerechte Welt zu schaffen. Es braucht seine Zeit!

        Gila Herz
        Viöl, den
        27.10.2022

Die Autorin

Die 1942 in Pommern geborene Gila Herz flüchtete 1945 nach Flensburg, wo sie eine abwechslungsreiche Kindheit erlebt hat. Nach ihrem anfänglichen Wunsch, Holzbildhauerin zu werden, wurde sie Großhandelskauffrau. Sie lebt in dritter Ehe, in die sie und ihr Mann jeweils zwei Kinder mitgebracht haben. Mit Antritt der Rente konnte das Paar viel Zeit mit den Enkeln verbringen, auf die sie gerne zurückblicken. Durch ihre Leidenschaft fürs Reisen hat Gila Freunde in Dänemark, Norwegen und Chile. Auch daheim hat sie gerne Besuch. Dann wird oft diskutiert, denn Gila war schon immer politisch interessiert und hört sich gern die Meinung anderer zu den verschiedensten Themen an. Sie genießt nun ihr Leben. Die einzige Einschränkung ist das Guillain-Barré-Syndrom, an dem sie 2011 erkrankte. Den Rollstuhl hat sie glücklicherweise hinter sich gelassen und kann wieder gehen.

DER VERLAG

VINDOBONA
VERLAG SEIT 1946

ein Verlag mit Geschichte

Bereits seit 1946 steht der Vindobona Verlag im Dienst seiner Bücher und Autoren. Ursprünglich im Bereich periodisch erscheinender Journale tätig, präsentiert sich der Verlag heute als kompetenter Partner für Neuautoren am deutschen, österreichischen und schweizerischen Buchmarkt. Engagement, Verlässlichkeit und Sachverstand – das sind die Grundpfeiler, auf denen der Verlag seit jeher sicher steht.

Sie möchten mit Ihrem Werk das vielseitige Verlagsprogramm bereichern? Der Vindobona Verlag garantiert Ihnen eine professionelle Prüfung Ihres Manuskriptes durch das Lektorat sowie eine zeitnahe Rückmeldung.

Genauere Informationen zum Verlag
finden Sie im Internet unter:

www.vindobonaverlag.com